Vente des 19, 20 et 21 Mars 1906

HOTEL DROUOT. — SALLE N° 10

ESTAMPES
ANCIENNES ET MODERNES

DESSINS

LIVRES SUR LES BEAUX-ARTS

M° MAURICE DELESTRE   M. LOYS DELTEIL

IMPRIMERIE

FRAZIER-SOYE

153-155-157, Rue Montmartre

PARIS

CATALOGUE

DES

ESTAMPES

ANCIENNES

ET

MODERNES

DES

DESSINS et des LIVRES sur les Beaux-Arts

COMPOSANT LA COLLECTION DE

MM. H. DE R. et Vᵗᵒ DE K.

---

dont la vente aura lieu

à Paris, HOTEL DROUOT, Salle Nº 10

Les 19, 20 et 21 Mars 1906

à 2 heures précises

Par le ministère de

Mᵉ MAURICE DELESTRE, Commissaire-Priseur

5, rue Saint-Georges

Assisté de M. LOYS DELTEIL, Artiste-Graveur, Expert

22, rue des Bons-Enfants

CONDITIONS DE LA VENTE

Elle sera faite au comptant.

Les adjudicataires paieront *dix pour cent* en sus des prix d'adjudication.

M. Loys Delteil remplira les commissions que voudront bien lui confier les amateurs ne pouvant y assister ; il se réserve, en outre, la faculté de diviser ou de rassembler les lots.

MM. les amateurs pourront visiter la collection, *22, rue des Bons-Enfants*, du 12 au 17 mars, de 2 heures à 5 heures.

ORDRE DES VACATIONS

Lundi 19 mars . . . .   N^{os}   1 à 260
Mardi 20 mars . . . .   — 261 à 538
Mercredi 21 mars. . . . .   — 539 à la fin.

POUR PARAITRE LE 15 MARS 1906

Le Peintre-Graveur Illustré

(XIXᵉ & XXᵉ SIÈCLES)

par

LOYS DELTEIL

TOME Iᵉʳ comprenant 4 fascicules consacrés à
J.-F. MILLET — TH. ROUSSEAU — J. DUPRÉ — J.-B. JONGKIND
et contenant une notice biographique sur chacun de ces Maîtres, le
catalogue raisonné de leur œuvre gravé et lithographié, et le fac-simile
de toutes les pièces mentionnées.

1 vol. in-4° de 116 pages, orné des portraits de
Millet, de *Rousseau*, de *J. Dupré* et de *Jongkind*,
et d'environ soixante-quinze fac-simile.

JUSTIFICATION DU TIRAGE :

25 Exemplaires de luxe à .. ..   **25** fr.
300 Exemplaires sur beau papier à.. ..   **8** fr.

A l'apparition du volume, le prix en sera porté, pour les exemplaires
de luxe à **35** fr., et pour les exemplaires ordinaires à **10** fr.

BULLETIN DE SOUSCRIPTION

(A renvoyer à M. LOYS DELTEIL, *22, rue des Bons-Enfants.)*

Je, soussigné, déclare souscrire à .... *exemplaire*
du TOME Iᵉʳ *du PEINTRE-GRAVEUR ILLUSTRÉ, au prix de*
.... *fr. l'exemplaire.*

SIGNATURE ET ADRESSE :

Le montant de la souscription n'est exigible qu'à la réception du volume.

DÉSIGNATION

ADELINE (Jules)

13   1. — Cartes, Menus, Programmes, etc. Trente-sept
pièces.

ADELINE — DELAUNEY

14   2. — St-Ouen de Rouen. — Palais de Justice. — Vue
de Rouen. — Eglise St-Pierre, de Caen. Cinq
pièces in-fol. Belles épreuves sur chine. La
1re *signée*.

ADRESSES & CURIOSITÉS

11   3. — *Fabrique d'Antoine Guerrier, à Lyon, à la
Coste St-Sébastien...* par Thourneyser, 1674.
Très belle épreuve.

    4. — Adresse-facture illustrée d'un filateur, par B.
Picart, 1717. Deux très belles épreuves.

    5. — Lattré et son Epouse, Rue St-Jacques, à la ville
de Bordeaux, 1759. Belle épreuve, *avant la
lettre*.

    6. — Lafond, Naturaliste, Quai de Retz, 40, Lyon. —
Oblin, graveur du Roi, quai des Orfèvres, 36.
— Tellier, Inventeur des Perruques à mon-
tures métalliques, au Palais-Royal, Galerie
de bois. — Bailly, Place du Carrousel N° 538,
par Moisy. Quatre pièces. Belles épreuves,

7. — MACQUET, graveur de géographie, r. St-Jacques, 249. — BRIOLLEY (Fr.) et fils, à Verviers, par R. Wahl. — A la Vieilleuse, SALMON, à Brest. — PICOT, graveur, par lui-même. — BOULARD. — ROGIER. — JOUANNE, etc. Dix pièces.

8. — *Chanson des Marseillois, chantée sur l'emplacement de la Bastille.* (Paroles et musique. — Chez FRÈRE, Passage du Saumon.

ALDEGRAVER (H.)

9. — Histoire de Lot, 1555 (B. 14-17). Suite de quatre pièces. — Aldegraver, par Hondius, 5 pièces.

10. — L'Histoire de Joseph (18-20). — Ammon fait violence à Thamar. — Ammon tué pendant le festin (23 et 27). Cinq pièces. Belles épreuves.

11. — Le Jugement de Salomon (29). Très belle épreuve.

12. — Suzanne surprise au bain par les deux Vieillards. — Suzanne accusée d'adultère. — Les Vieillards convaincus de faux témoignage (30, 31, 32). Très belles épreuves, deux de la coll. P. Mariette.

13. — Bethsabée (37). Très belle épreuve, coll. Didot.

14. — L'Annonciation, 1553 (38). — La Nativité (39). Deux pièces. Belles épreuves.

14 *bis*. — La parabole du Samaritain charitable (40-43). Suite de quatre pièces. — La parabole du mauvais Riche (44-48). Trois pièces d'une suite de cinq. Sept pièces. Belles épreuves.

15. — Jésus-Christ à la croix, 1553 (49). — Sophonisbe (62). — Rhea Sylvia (66). — Quatre pièces. Belles épreuves.

16. — Annibal et Scipion, 1538 (71). — Titus Manlius, 1553 (72), original et copie. — Le Père Sévère (73). Quatre pièces.

17. — Apollon — Diane — Mars — Mercure — Vénus (74, 77, 79). Cinq pièces. Belles épreuves.

18. — Le Jugement de Pâris, 1538 (80). — Les travaux d'Hercule (83-95). Cinq pièces d'une suite de 13 pl. — Hercule étouffant Anthée (96). Sept pièces. Belles épreuves.

19. — Thisbé (101-102). Deux pièces. Belles épreuves.

20. — Les Vertus et les Vices qui leur sont opposés (117-130). Trois pièces d'une suite de 14 pl. — Belles épreuves.

21. — La Foi — L'Intempérance — La Force (131-133). — La Pensée de la mort (134). — Le Pouvoir de la mort (138-139). Six pièces. Belles épreuves.

22. — La Fortune, 1555 (143). Belle épreuve.

23. — Les Danseurs de noce, 1538 (144-151), suite de huit pièces (manque 1 pl). — Les Danseurs de noce (152-159), suite de huit estampes. Ensemble quinze pièces.

23 *bis*. — Les Danseurs de noce, 1538 (160-171). Suite de douze pièces (manque la pl. 1). Belles épreuves.

24. — L'Enseigne, 1540 (177). — Le Moine et la Religieuse (178). Très rare. Deux pièces. Belles épreuves.

25. — Luther (M.) (184). Très belle épreuve.

26. — Helle (Albert von der) (186). Superbe épreuve, coll. Didot et Galichon.

27. — Aldegraver (Henri), à l'âge de 28 ans, 1530 (188). Deux épreuves. — Leyden (J. de), par J. Muller. — Kniperdoling (B.), par le même. Quatre pièces.

28. — L'Alphabet romain (206). — Dessin de gaine (213). — Vases d'Ornements (223-224). — Vignette aux Enfants nus (230). — Trois Enfants portant un Ours (231). Six pièces.

29. — Montants d'ornements (255, 273, 282, 283, 288). Cinq pièces. Belles épreuves.

30. — Trois dessins d'agrafes d'orfévrerie (258). — Dessin de deux cuillers (268). Deux pièces.

ALIX (P. M.)

31. — Saint-Aubin (M^m), du Théâtre de l'Opéra-Comique. Belle épreuve *imprimée en couleurs*, remmargée sur deux côtés.

32 — Préville (P. L. Dubus). Belle épreuve *imprimée en couleurs* (remmargée dans le bas).

33. — Napoléon Bonaparte 1er Consul, d'après Appiani, 1803. Ovale in-fol. Très belle épreuve, *imprimée en couleurs* (légèrement piquée). Rare.

ALMANACHS

34. — Calendrier illustré de tous les saints de l'année, par J. U. Krauss. Belle épreuve.

35. — Almanach royal pour l'année 1732, 2 pl. avec les portraits de Louis XV et de Marie Leczinska. Belles épreuves, l'une sans le calendrier.

36. — Quarante-huit vignettes pour Almanachs. XVIIIe siècle.

37. — Almanach illustré, 11 pl. (manque janvier), par J. Duplessi-Bertaux. Très belles épreuves.

ALTDORFER (Albert)

38. — Mercure (B. 29). — L'Homme armé de toutes pièces (50). — Le Porte-Enseigne (52). — L'Histoire de la Chute de l'Homme et sa Rédemption, pl. 25, 33 à 35 et 37 (B. 25, 29, 30, 33 à 35, 37). Dix pièces. Belles épreuves.

AMÉRIQUE (Estampes relatives à l')

*2   39. — *La Descente faite par les Français en la terre ferme de l'Amérique*, par Isr. Silvestre. In-fol.

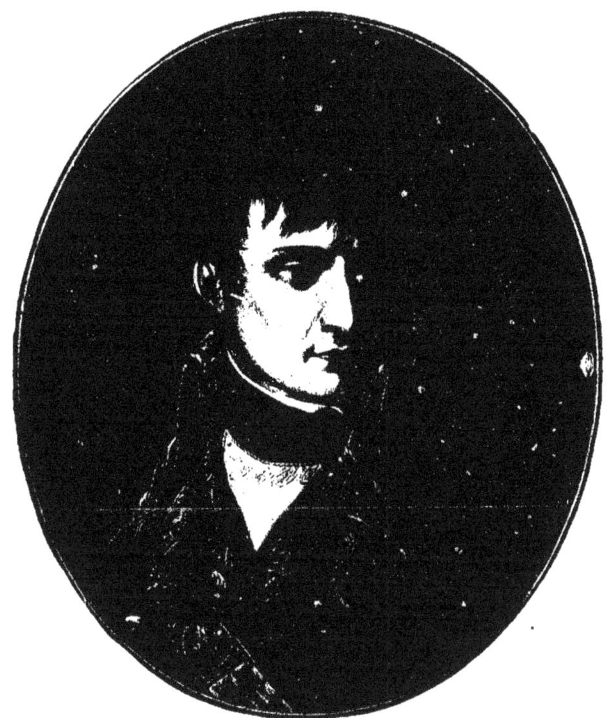

N° 33 du Catalogue.

30   40. — Carte de l'Amérique, 1590. — Ch. Colomb et l'œuf. Deux pièces, par Th. de Bry. Belles épreuves.

26   40 *bis*. — Franklin (B.). Quatre portraits par Chevillet, Fessard, A. de St-Aubin et anonyme. — Le Tombeau de Voltaire, par Macret. Très belles épreuves.

ANONYMES

20   41. — Sujets religieux. Douze pièces, réimpressions
du XVIII° siècle de planches gravées aux XV° et
XVI° siècles.

17   42. — Allégorie relative à la Naissance du Duc de
Bourgogne. Petit in-fol. Belle épreuve.
Rare.

15   43. — Le Cabaret Ramponneau : *Chez Ramponneau
bon vin nouveau.... — Au sein de la paix....*
Deux pièces in-fol. Belles épreuves.

ANSELIN (J. L.)

40   44. — La Belle Jardinière (Mme de Pompadour), d'après
C. Van Loo. Très belle épreuve.

AUBRY (Charles)

31   45. — *Chasses anciennes. — Histoire pittoresque de
l'Equitation ancienne et moderne.* Deux
suites complètes, soit trente-huit pièces. Très
belles épreuves.

AUDRAN—DUFLOS (Cl.)

13   46. — Allégorie en l'honneur du Duc de Bourgogne,
d'après Coypel. — Allégorie en l'honneur de
Louis XIV, 1714, 2 états. — Duflos (Cl.), père.
Quatre pièces. Belles épreuves,

AUTOGRAPHES

13   47. — Lettres, Billets, Traités. Quinze *autographes* de
J. P. Le Bas, Moreau, Quéverdo, Gaucher,
Masquelier, de Grateloup, de Boissieu, Ba-
san, de Carmontelle, A. de St-Aubin, Hubert
Robert, Le Mire.

AVELINE (Antoine) et ANONYME

21 48. — *Veüe et perspective du château de Fontaine-*
bleau... où s'est célébré le Mariage du Roy
Louis XV et de la Reine Marie, le 5 sept. 1725.
— Das Castell im Vincenner Walt, ein Meil
von Paris, 1650. Deux pièces in-fol. Belles
épreuves.

BALLONS (Estampes relatives aux)

21 49. — *Expérience aerostatique faite à Versailles le*
19 septembre 1783 en présence de leurs Ma-
jestés... Par Mrs de Montgolfier (par Moreau
le jeune). In-fol., chez Le Noir. Très belle
épreuve.

BARTOLOZZI (F.)

100 50. — *A St-James's Beauty,* d'après J. H. Benwell, 1783.
Superbe épreuve, tirée en sanguine.

BAUDOUIN (d'après P. A.)

52 51. — Allégorie, frontispice pour la *Princesse de Na-*
varre, 1745 (E. B. 1). — Le Léger Vêtement,
par Chevillet. Deux pièces. Belles épreuves.

61 52. — Les Amours champêtres, par Choffard (7). Belle
épreuve.

205 53. — Le Carquois épuisé, par N. De Launay (11).

52 54. — Le Cathéchisme — Le Confessionnal. Deux
pièces par P. E. Moitte, faisant pendants (12
et 15). Belles épreuves.

85 55. — Les Cerises, par Ponce (13). Epreuve ancienne.

204 56. — Le Couché de la Mariée, par Moreau le jeune
et Simonet (16). Très belle épreuve, sans marges sur 3 côtés.

175 57. — Le Danger du tête-à-tête, par Simonet (18).
Belle épreuve.

58. — L'Enlèvement nocturne, par Ponce (20), réimpression.

59. — L'Epouse indiscrète, par N. de Launay (21). Très rare épreuve à l'*état d'eau-forte*, légèrement rognée.

60. — Le Jardinier galant, par Helman (25). Belle épreuve.

61. — *Jusques dans la moindre chose*, par L. J. Masquelier (27). Très belle épreuve.

62. — Le Lever — La Toilette (29 et 48). Deux pièces par Massard et Ponce. Belles épreuves, sans marges.

63. — Marchez tout doux, parlez tout bas, par Choffard, (30). Superbe épreuve avant la lettre.

63 *bis*. — La même estampe. Belle épreuve.

64. — Marton, par Ponce (31). Très belle épreuve.

65. — Perrette, par Guttenberg (36). Belle épreuve.

66. — Rose et Colas, par Simonet (42). Belle épreuve.

67. — Sa Taille est ravissante, par Le Beau (43). Très belle épreuve.

68. — Les Soins tardifs, par N. De Launay (45). Belle épreuve (quelques épidermures).

69. — Le Soir, par de Ghendt (46). Superbe épreuve de la coll. H. de Triqueti.

BEAUVARLET (J.)

70. — Histoire d'Esther, d'après F. de Troy. Six pièces (d'une suite de sept). Belles épreuves, une *avant la lettre*.

BEHAM (Barth.)

71. — Combat d'hommes nus, (B. 17). — Le Cours de la vie (*Der Welt Lauf*) (39). Deux pièces. Belles épreuves.

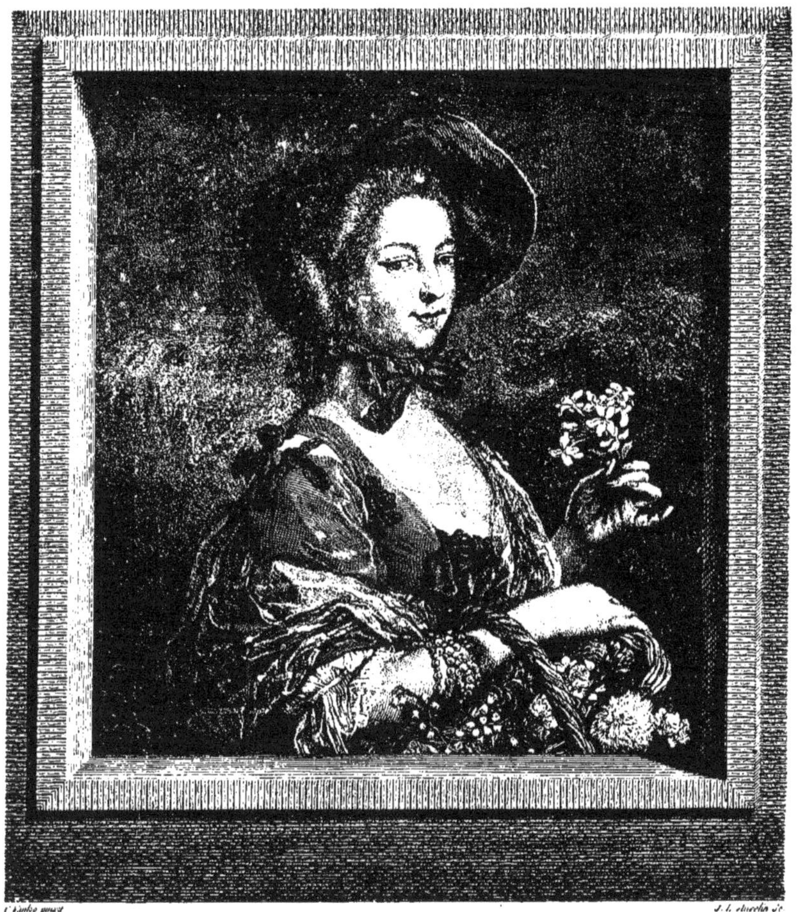

LA BELLE JARDINIERE M.ᵉ de Pompadour

Gravé d'après le Tableau Original qui etoit au Château de Belleviie, et qui se trouve aujourd'hui
en la possession de M.ʳ Fontanel associé honoraire et garde des desseins de l'Academie de Montpel...

A Paris chez Basan et Poignant rue et Hôtel Serpente

Nº 44 du Catalogue.

2(72. — Ferdinand Ier (61). Belle épreuve du 2e état.

2(73. — Les Armoiries de Baumgartner (Pass. 78 b.).
           Belle épreuve.

BEHAM (H. S.)

27   74. — Adam et Ève, 1543 — Adam et Ève chassés du
           Paradis, 1543 (B. 6-7). Deux pièces. Belles
           épreuves.

14   75. — Moïse et Aaron (8). — Judith (12) — La Vierge
           immaculée (17). — St Jérôme. (63). Quatre piè-
           ces.

20   76. — La Vierge au perroquet, (19). Belle épreuve de
           la coll. Camberlyn.

21   77. — Jésus et la Samaritaine (24) — L'Homme de dou-
           leurs, 1520 (26). Deux pièces. Très belles
           épreuves.

11   78. — Le Sauveur, (30). Très belle épreuve, coll.
           Didot.

28   79. — Les Apôtres (43-54), huit pièces d'une suite de
           douze. — Les Evangélistes (B. 55-58). Suite
           de quatre pièces. Ensemble douze pièces.
           Belles épreuves.

       80. — St-Antoine l'Ermite, (64). — St-Sebald (65).
           Deux pièces. Belles épreuves.

15   81. — Cimon nourri par sa fille (74-75). Deux pièces.
           Belles épreuves, une de la coll. Didot.

23   82. — Lucrèce (79) — Didon (80). Trois pièces. Belles
           épreuves.

27   83. — Trajan (82), 4 épr. — Jugement de Paris (88).
           — Combat de trois Hommes (95). Six pièces.
           Belles épreuves.

       84. — Les travaux d'Hercule (96-107). Suite de douze
           pièces. Belles épreuves.

42 { 84 / 85. — Les sept planètes (113-120). Suite de huit pièces, y compris le titre. — La connaissance de Dieu et les sept vertus chrétiennes (129-136). Suite complète de huit pièces. Belles épreuves.

21   86. — La Patience (138) — La Mélancolie (144). Deux pièces. Belles épreuves.

2   87. — La bonne Fortune — La Fortune contraire (140-142). Deux pièces. Très belles épreuves.

38   88 — Le Triomphe, 2ᵉ pl. (143) — L'Impossible, (145) 1ᵉʳ état. — La Mort et les trois Sorcières (151). Trois pièces. Très belles épreuves.

30   88 bis. — Les Noces de village (154-163). Suite de dix pl. Quatorze pièces, originaux et copies.

17   89. — Le Paysan au marché — La Paysanne au marché (186-187). — Le Paysan à la fourche et son Compagnon (188-189). Cinq très petites pièces. Très belles épreuves.

24   90. — Les trois Soldats et le chien (196) — La Sentinelle auprès des tonneaux (197) — Le Porte-enseigne et le Tambour (199) — Le Soldat, 1520 (203). Quatre pièces. Belles épreuves.

40   91. — Les trois femmes au bain (208), 2 épr. — La femme se baignant les pieds (207). Trois pièces.

   92. — Les deux Bouffons — Le Bouffon et les Baigneuses (213-214). — Deux pièces, 1ᵉʳ état. Très belles épreuves.

   92 bis. — La Femme couchée, vue par le dos (215), épreuve *avant le nuage*. — Le Berger (216). Deux pièces. Belles épreuves.

30   93. — Vignette aux Satyres (225).—Vignette à la Cuirasse entre deux génies (227). — Les deux Têtes de poissons (235). — Les deux Génies (236), 2 épr. Cinq pièces. Belles épreuves.

94. — Vignette au Mascaron (228). — L'Alphabet romain (229). — Petit Bouffon (230). Le Mascaron (231). — La Satyresse entre les deux Satyres (232). — Le Vase au milieu des deux génies (233). — L'homme fantastique (234). — Les deux Génie (236). Huit pièces.

95. — Vase (239). — Vase orné d'enfants (242), 2 épr. Montans d'ornements (245-246). — Chapiteaux de colonnes (247-250). Neuf pièces.

96. — Les Armoiries au Coq — Les Armoiries à l'Aigle (256-257). Deux pièces. Belles épreuves.

97. — Armoiries de H. S. Beham (265) — Armoiries d'imagination (266). Deux petites pièces de forme hexagone. Très belles épreuves.

97 *bis*. — Sujets divers. Neuf pièces.

BELLA (Stefano della)

98. — Sujets historiques et divers. Six pièces.

BINCK (Jacob)

99. — Binck (Jacob) (95). Belle épreuve des coll. Didot et Galichon.

BOILLY (d'après L.)

100. — Marche Incroyable, par Bonnefoy. Belle épreuve (sans marges sur 3 côtés).

BOIS ANCIENS

101. — Sujets religieux. Quatorze pièces et entourages extraits de *Livres d'Heures*, une *enluminée* avec *rehauts d'or*.

BOISSIEU (J. J. de)

102. — Partie de l'œuvre. Quatre-vingt pièces, plusieurs doubles, quelques-unes d'état.

BONINGTON (R. P.)

103. — Bologne. Très belle épreuve sur chine.

104. — Rue du Gros Horloge, à Rouen. Belle épreuve
sur chine.

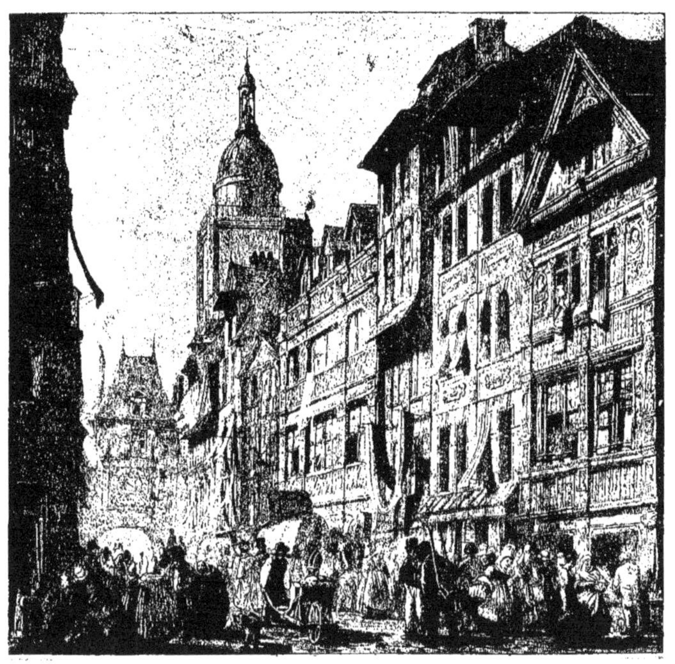

Rue du Gros Horloge
N° 104 du Catalogue.

105. — Tour du Gros Horloge, Evreux. — St-Gervais,
St-Protais, Gisors, etc. Dix pièces. Belles
épreuves.

BONNEVILLE (F.)

106. — Le Bastringue ou la Folie du jour. Belle
épreuve.

BOS et BREUGHEL LE VIEUX (d'après)

107. — Tentation de St-Antoine — Le Ciel — L'Enfer
— Les Vertus — Les Estropiés. Neuf pièces.
Belles épreuves.

BOSSE (Abraham)

108. — La Vierge et l'Enfant Jésus (G. D. 12). Belle
épreuve. Rare.

109. — St-Augustin (18). — Les Vertus théologales et
cardinales (176-184), 7 pl., d'une suite de 9. —
Titres-frontispices : Vertus de St-François de
Paule... (185). — La Pratique du trait... de
Mr Desargues (365). — Leçons données dans
l'Académie... (866). — Composition pour un
titre ? (1110). Douze pièces. Belles épreuves,
une avant la lettre.

110. — L'Enfant prodigue (34-39). Quatre pièces (d'une
suite de 6 pl.). — Les Œuvres de Miséricorde
(50-56). Six pièces (d'une suite de 7 pl.). Ensemble dix pièces. Belles épreuves.

111. — Callot (J.) (1234). Trois belles épreuves des 2°.
3° et 4° états.

112. — Larcher — Dufresne — Francini — Owel (554,
1247, 298, 1243). Cinq pièces. Belles épreuves.

113. — Les Éléments. Quatre pièces. Belles épreuves.

114. — Les Ages, écran (1047). Belle épreuve.

114 *bis*. — La même estampe. Belle épreuve.

115. — Les Saisons, écran (1055). Belle épreuve.

116. — Les Sens (1071 - 1075). Cinq pièces. Belles
épreuves.

117. — *Les Ages* (1078-1081). Très belles épreuves.

118. — Les Saisons (1082-1085). Très belles épreuves du
1er état.

119. — Le Prévot des Marchands vient complimenter Louis XIII sur la prise de la Rochelle (1187). — Estampe relative à la Naissance du Dauphin (1203-1206). Deux pièces d'une suite de 4 pl. Trois pièces.

120. — Suite de quatre pièces pour les *Noms, surnoms, qualités... des Chevaliers du St-Esprit*, 1633 (1207-1210).

121. — Le Siège de La Motte (1220). Très belle épreuve.

122. — *L'heureuse Arrivée de Monseigneur frère unique du Roy à la Capelle, le 8 oct. 1634.* (1221). Belle épreuve.

123. — Cérémonie observée au contrat de mariage passé à Fontainebleau, le 25 sept. 1645, entre Vladislas IV, roi de Pologne, et L.° Marie de Gonzague (1223). Très belle épreuve.

124. — Les Vœux du Roy et de la Reyne à la Vierge (1225). Très belle épreuve, coll. Behague.

125. — La Joye de la France (1226) — Les Forces de la France (1228). Deux pièces. Belles épreuves.

126. — Louis XIII représenté sous la figure d'Hercule (1241). Très belle épreuve, coll. Behague.

127. — L'Infirmerie de l'hôpital de la Charité de Paris (1266). Belle épreuve.

128. — La Galerie du Palais (1267). Très belle épreuve.

129. — Le Peintre, le Sculpteur, le Graveur et l'Imprimeur (1385-1388). Suite de quatre pièces. Belles épreuves.

130. — Le Jardin de la Noblesse Française (1301-1318). Neuf pièces (d'une suite de 18). Belles épreuves.

131. — Les Cris de Paris (1341-1352), manque 1 pl. Belles épreuves.

132. — Le Mariage à la ville, pl. 2(1375).— Le Mariage à la campagne (1381-1382) — Le Maître et la Maîtresse d'école (1389-1390). Deux pièces d'une suite de trois. Cinq pièces.

133. — Les Métiers (1391-1397), manque 1 pl. Belles épreuves.

134. — La Bénédiction de la table (1398) — Les Femmes à table en l'absence de leurs maris (1399). Deux pièces. Très belles épreuves.

135. — Le Bal (1400). Epreuve du 2ᵉ état. — Les Fumeurs (1401) — Lettre amoureuse du capitaine Extravagant et réponse (1402-1403). Quatre pièces.

136. — Types et costumes (1354, 1355, 1357, 1406. etc.). Neuf pièces. Belles épreuves.

137. — Sujets divers. Vingt-quatre pièces.

BOUCHER (d'après F.)

138. — La Maraudeuse de fleurs — Sacrifice sur l'autel de l'Amitié. Deux pièces par Demarteau. Très belles épreuves, *imprimées en sanguine.*

139. — Vénus et l'Amour — Les Villageois à la pêche — Les Amours pastorales. Quatre pièces par C. Duflos, Daullé et Gaillard. Belles épreuves.

140. — Le petit Ménage — Ismène et Daphnis — L'Amour vendangeur — Le Berger — Le Poète — Pescheurs, etc. Huit pièces par Lberts, Fessard, Huquier, Duflos, St Non, Le Bas. Très belles épreuves.

141. — Sujets gracieux. Quatorze pièces par Demarteau. Belles épreuves imprimées en sanguine, deux en noir, sur papier bleu.

BOUDAN (à Paris chez A.)

142. — *L'Heureux retour de Monsieur près du Roy.* In-fol. Très belle épreuve.

BOUTONS

143. — Sujets gracieux et Paysages. Dix petites pièces de forme ronde ou ovale, par F. Janinet, la plupart *imprimées en couleurs.* Belles épreuves.

BROWN (John-Lewis)

144. — Éventail du cirque Molier (G. H. 14). Belle épreuve *imprimée en couleurs,* sur japon.

BRY (Théodore de)

145. — Bry (Th.) par lui-même, 1597 — Une Assemblée de nobles Vénitiens, pièce de forme ronde — La Fontaine de Jouvence — Portraits de monarques. Neuf pièces. Belles épreuves.

146. — Adam et Ève dans le Paradis terrestre. Pièce de forme ronde — Les Noces d'Isaac et de Rébecca, d'après Peruzzi. Deux pièces. Très belles épreuves.

147. — Le Triomphe du Christ, d'après Titien. Deux belles épreuves.

148. — Actéon changé en cerf, d'après J. Heintz — L'Age d'or, d'après A. Bloemaert — Marche de Silène. Cinq pièces.

149. — Marche de soldats, d'après H. S. Beham — Marche de soldats, le porte-enseigne au milieu. Trois pièces. Belles épreuves.

150. — Danse de Seigneurs — Danse de Paysans. Deux pièces en forme de frise. Très belles épreuves.

151. — Images des Sultans Turcs. Trente-six pièces réunies en 1 vol. gr. in-8 cart. Belles épreuves.

152. — *Emblemata Nobilitatis* et *Emblemata Secularia*. Cent cinq pièces (y compris plusieurs doubles). Belles épreuves.

BUHOT (F.)

153. — Une matinée d'hiver au quai de l'Hôtel-Dieu (G. B. 123). Très belle épreuve avec la mention manuscrite, en marge : *état intermédiaire avant la remorsure Félix Buhot.*

154. — La Fête Nationale au Boulevard Clichy, 1878 (G. B. 127) — La Place Pigalle en 1878 (129). Deux pièces. Belles épreuves.

155. — Débarquement en Angleterre, (130). Superbe épreuve d'essai, timbrée.

156. — Westminster Palace, (155). Superbe épreuve avec les mots : *In progress for*, timbrée. dédicace à Hédouin.

157. — Westminster bridge (156). Superbe épreuve *signée* et *timbrée.*

158. — L'Hiver à Paris, Place Bréda — Vieille maison à Valognes — The embankment Wesminster — Objets de la Chine et du Japon, etc. Dix pièces, plusieurs d'essai.

BURIN (L.)

159. — *La Maquerelle punie, avec la Vue de l'Hôtel de Ville de Paris... 1756.* Très belle épreuve.

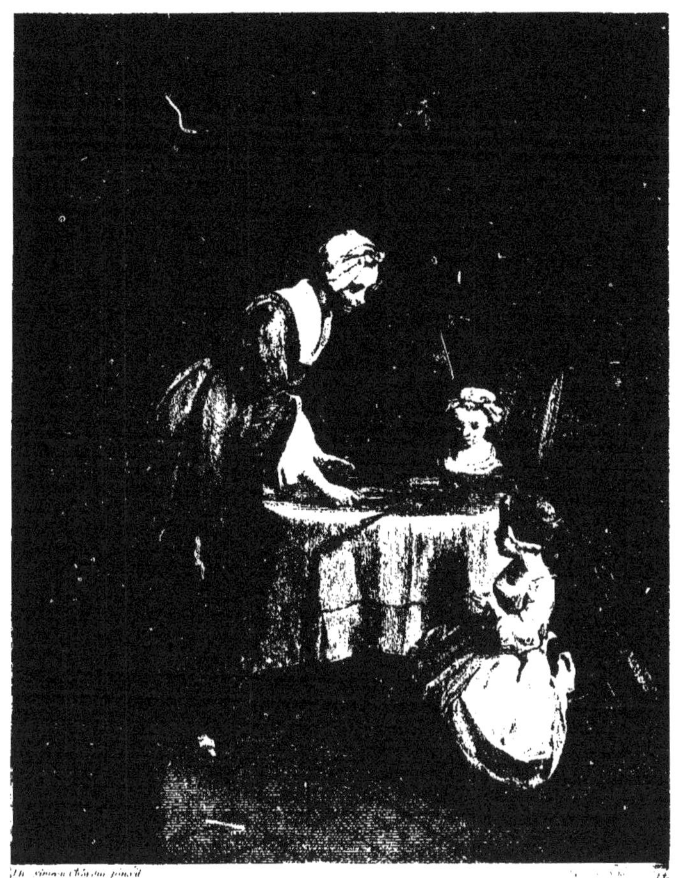

N° 207 du Catalogue.

CALAMATTA (L.) — HENRIQUEL-DUPONT

160 — La Source, d'après Ingres, *avant la lettre.* — Hussein Pacha — Henri de Bourbon — Bazouin père. Quatre pièces. Belles épreuves.

CALLOT (Jacques)

161. — Passage de la Mer Rouge (M. 1). — Elie et la
veuve de Sarepta (2), orig. et copie — L'En-
fant-Jésus (3) — St Jean prêchant (4) — Ecce
Homo (7) — Le Nouveau Testament (37-47),
suite complète — Les Banquets (48-51). Vingt-
deux pièces. Belles épreuves.

162. — Le Massacre des Innocents, 1er et 2e pl. (5-6) —
Le Portement de croix (9), très rare, orig. et
copie — L'Ensevelissement (11) — Jésus au
milieu des mesureurs de grains (52) —
Stes Familles (64-66-68). — L'Annonciation
(71-73) — St-Pierre (101) — St Jean dans l'Ile
de Pathmos (102) — St Paul (103) — Martyre
de St Laurent (136). Seize pièces. Belles
épreuves.

163. — La grande Passion (12-18), suite de sept pl.
(manque 1 pl.), épr. de 1er état — Différents
Sujets (90-99), suite complète, plusieurs en
1er état. Ensemble vingt-et-une pièces. Belles
épreuves.

164. — La petite Passion (19-30). Suite de douze pièces.
Belles épreuves de 1er état, (2 suites), soit
24 pl.

165. — Les Mystères de la Passion (31-36), 1er état. —
La Vie de la Vierge (76-89). Suite complète
de 14 pl., deux séries. Ensemble trente-quatre
pièces. Belles épreuves.

166. — Le Triomphe de la Vierge (100). Belle épreuve
du 1er état.

167. — Le Sauveur, la Vierge et les Apôtres (104-119).
Suite complète de seize pièces réunies en
1 vol. petit in-8, mar. avec fil. or.

168. — Le Martyre des Apôtres (120-135). Suite de seize
pièces, en double exempl. soit trente-deux
pièces. Belles épreuves.

169. — La Tentation de St Antoine (M. 139).

170. — Martyre de St Sébastien (137) — St Nicolas ou St Séverin (140) — Le Miracle de St Mansuy (141), 2 états. Quatre pièces.

171. — Les Martyrs du Japon (155). Très belle épreuve du 1ᵉʳ état.

172. — Les Pénitents et Pénitentes (147-152). Suite de six pièces (2 séries) — La Possédée (156). Treize pièces.

173. — Les Péchés capitaux (157-163). Suite de sept petites pièces, épreuves du 1ᵉʳ état (sauf une), de la coll. Robert-Dumesnil. — Les Sacrifices (164-166) — Les Tableaux de Rome (167-196), manque le frontispice.

174. — Titres (197 à 200, 203, 426, 428, 432). Neuf pièces.

175. — Médicis (F. de) — Cosme II — Antella (D.) — Peri (429, 429 *bis*, 430, 433). Cinq pièces, belles épreuves.

176. — Combat à la barrière, 2 pl. surnuméraires (490-491) — Estampes décorant le livre : *Combat à la Barrière*, par H. Humbert, Nancy 1627 (492-503). Suite de onze pl. (incomplète de la pl. le bras armé), soit douze pièces.

177. — Deruet — Delorme (505-506). Trois pièces. Belles épreuves.

178. — Phalsbourg (Pce de) (508). Deux belles épreuves.

179. — Les petites Misères de la Guerre (557-563). Suite complète. Belles épreuves.

180. — Les grandes Misères de la Guerre (564-581). Suite complète. Très belles épreuves, en 1 alb. in-8 obl. cart.

181. — La Rencontre à l'épée — La Rencontre au pistolet (595-596) — Catafalque de l'Empereur Mathias (597). Cinq pièces. Très belles épreuves.

182. — L'Éventail (617), 2ᵉ état.

183. — La Carrière ou rue neuve de Nancy (621). Trois belles épreuves, 1ᵉʳ et 2ᵉ états.

184. — Parterre du Palais de Nancy (622). Belle épreuve du 2ᵉ état, à laquelle on a joint un dessin ancien, exécuté à la plume d'après cette estampe.

185. — La Foire de Gondreville (623). Belle épreuve, 2ᵉ état.

186. — Les Supplices (665). Très belle épreuve 2ᵉ état.

187. — Les Supplices — La petite Treille. Deux *dessins à la plume sur parchemin*, par Pierre Mussard 1735-1740, d'après les estampes de J. Callot.

188. — *Balli di Sfessania* (641-664). Suite complète. Belles épreuves du 1ᵉʳ état.

189. — Le Brelan ou l'Enfant prodigue trompé (666), original et copie — Les trois Pantalons (627-629). Cinq pièces. Belles épreuves.

190. — Les Bohémiens (667-670). Suite de quatre pièces. Belles épreuves du 2ᵉ état, *avant l'adresse d'Isr. Silvestre.*

191. — La Noblesse (673-684). Suite complète, 1ᵉʳ état.

192. — Les Gueux ou Mendiants (685-709). Suite complète. Belles épreuves du 1ᵉʳ état.

193. — La petite Vue de Paris ou le Marché d'esclaves (712). Deux très belles épreuves des 1ᵉʳ et 2ᵉ états.

194. — Les deux Grandes Vues de Paris (713-714). Deux pièces faisant pendants. Belles épreuves.

194 *bis*. — Les mêmes pièces. Belles épreuves.

195. — La Pandore (729), original et copie. Deux pièces. Très belles épreuves.

196. — Les Bossu ou Gobbi (747-767). Suite de vingt-et-une pièces (manque la pl. 211. Belles épreuves *avant les n°*.

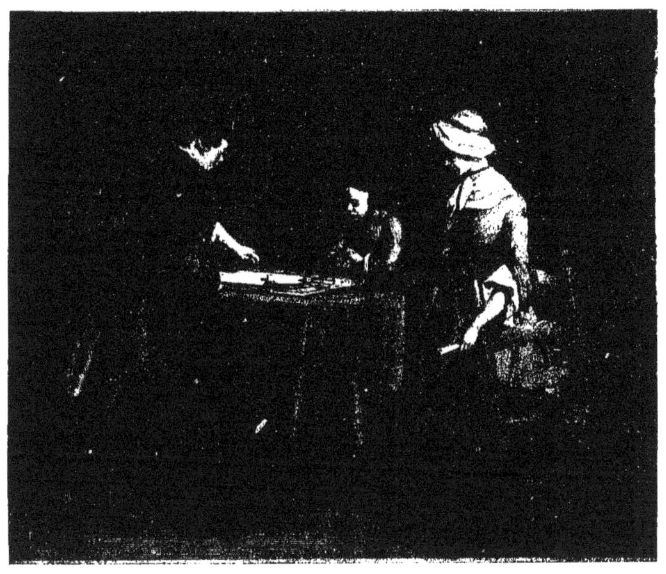

N° 224 du Catalogue.

197. — Fantaisies (868-881). Suite complète. Belles épreuves de 1er état (sauf une).

198. — Sujets divers. Trente-quatre pièces.

CANALETTI (A.)

199. — Frontispice des Vues de Venise. — Pra della Valle. — Ale Porte del Dolo. Cinq pièces. Belles épreuves.

CARICATURES

3f 200. — Caricatures politiques. — Scènes de mœurs.
Quarante pièces par H. Monnier, Grandville,
Traviès, en 1 alb. in-4 cart.

CARIERA (d'après Rosalba)

16 201. — La Signora Rosalba, par Bartolozzi. — Le Prin-
temps. — L'Automne, par De Fehrt. Trois
pièces. Belles épreuves.

CASA (Nicollo della)

22 202. — Cosme de Médicis (R. D. 4). Belle épreuve.

CERONI (L.)

12 203. — Portraits d'après les émaux de Petitot. Trente
pièces, plusieurs doubles *avant la lettre*. Très
belles épreuves.

CHARDIN (J. B. S.)

30 204. — Portraits de Chardin, par Cars, J. F. Rousseau,
Chevillet, J. de Goncourt et Géry-Richard.
Cinq pièces, deux *avant la lettre.*

186 205. — Les Amusements de la vie privée, par L. Surugue (E. B. 1). Belle épreuve.

8 206. — L'Antiquaire, par Surugue (2), *eau-forte pure.*
— L'Aveugle (4), par Surugue fils. Deux pièces. Très belles épreuves.

206 207. — Le Bénédicité, par Lépicié (5). Très belle
épreuve.

120 208. — Le même sujet, par Elis, Marlié-Lépicié (5 B).
Belle épreuve.

6f 209. — La Blanchisseuse, par C. N. Cochin (6). — La
Fontaine (21). Deux pièces faisant pendants.
Belles épreuves.

210. — La bonne Education, par Le Bas (7). Très belle
épreuve.

211. — Les Bouteilles de Savon, par Filleul (8). Deux
épreuves.

212. — Le Château de Cartes, par S. Duflos (11 B). Très
belle épreuve.

213. — Dame cachetant une lettre (12 B). Très belle
épreuve.

214. — Dame prenant son thé, par Filleul (13). Belle
épreuve.

215. — Le Dessinateur, par J. J. Flipart (14). Très belle
épreuve.

216. — Le Dessinateur, par Cécile Magimel (15 B). —
L'Ouvrière en tapisserie ou l'Amusement
utile (41 B). Deux pièces faisant pendants.
Très belles épreuves.

217. — L'Ecureuse, par C. N. Cochin (16). — Le Garçon
Cabaretier (22). Deux pièces faisant pendants.
Très belles épreuves *avant les mots* : *Du
cabinet...*

218. — Enseigne de Chirurgien, par J. de Goncourt
(17). — Jeune Dessinateur, par Faber (28). —
La bonne Mère, par Weiss (app. 1). Trois
pièces. Très belles épreuves.

219. — Etude du Dessin, par Le Bas (18). Très belle
épreuve.

220. — La même pièce. Belle épreuve, doublée.

221. — La Gouvernante, par Lépicié (24). Belle
épreuve.

222. — L'Inclination de l'Age, par P. L. Surugue (25).
Superbe épreuve.

223. — L'Instant de la Méditation, par L. Surugue (26).
Deux épreuves.

224. — Le Jeu de l'Oye, par P. L. Surugue (27). Très belle épreuve (sans marge sur 3 côtés).

225. — Jeune Fille à la raquette, par Lépicié (29). Belle épreuve.

226. — La Maîtresse d'école, par Lépicié (34). Très belle épreuve *avant le changement dans l'adresse.*

227. — La Mère laborieuse, d'après Lépicié (35). Très belle épreuve.

227 *bis.* — La même estampe. Deux belles épreuves.

227 *ter.* — La même estampe. Belle épreuve.

228. — Le Négligé ou Toilette du matin, par Le Bas (38). Belle épreuve.

229. — Les Osselets, par Filleul (39 *bis*). Très belle épreuve.

230. — L'Ouvrière en tapisserie, par J. J. Flipart (40). Belle épreuve.

231. — Le Peintre, par P. L. Surugue (42). Très belle épreuve.

232. — La Petite Fille aux cerises, par C. N. Cochin (43). Deux épreuves.

233. — Pouget (Marguerite), femme de Chardin, par L. Cars (44). Très belle épreuve.

234. — La Pourvoyeuse, par Lépicié (45). Très belle épreuve du 1ᵉʳ état.

235. — La Serinette, par L. Cars (47). Belle épreuve.

236. — Le Soufleur, par Lépicié (48). Très belle épreuve.

237. — Le Toton, par Lépicié (50). Très belle épreuve du 1ᵉʳ état.

237 *bis.* — La même estampe. Belle épreuve.

238. — Les Tours de Cartes, par P. L. Surugue (51). Très belle épreuve du 2ᵉ état.

239. — La même estampe. Belle épreuve du 3ᵉ état.

CHARLET (N. T.)

240. — Sujets divers. Treize pièces. Belles épreuves.

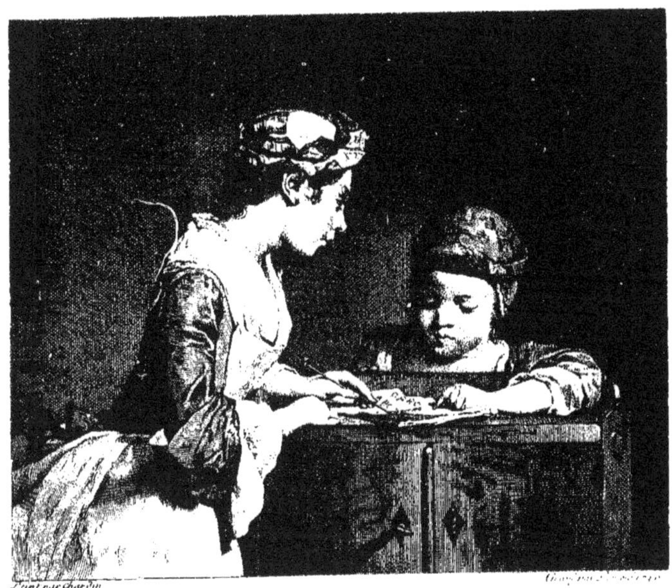

CHÉREAU (F.) — BRADEL (B.)

241. — Largillière (N. de), d'après lui-même. — Deon
de Beaumont. Deux pièces. Très belles
épreuves.

CHIQUET (chez)

242. — *L'Auguste Cérémonie du Mariage de Louis XV
Roi de France... avec Marie Leczinski*, 1725.
Très belle épreuve.

CHODOWIECKI (Daniel)

243. — Cabinet d'un Peintre, 1771 (D. Chodowiecki).
Très belle épreuve.

CHOFFARD (P. .P)

244. — Adresse d'Aubert, M" et Graveur, rue S¹-Jacques,
près la fontaine S¹-Séverin, 1756 (P. et B. 135).
Très belle épreuve.

245. — Basan, en-tête du *Dictionnaire des Graveurs*,
3 épreuves hors texte, une d'essai, retou-
chée.

245 *bis*. — Diplôme de Francs-Maçons, loge de Bordeaux ? d'après F. Boucher. Très belle épreuve
avant la lettre.

246. — En-têtes divers. — Cabinet de Basan. Huit
pièces. Belles épreuves, tirées hors texte.

COCHIN FILS (C. N.)

247. — Vues perspectives de l'Illumination de la rue
de la Ferronerie. Deux pièces. Très belles
épreuves.

248. — Portraits d'artistes : Chardin, Peronneau, les
Slodtz, Boucher, Pigalle, Basan, Mariette, etc.
Dix-neuf pièces. Belles épreuves.

COSSIN (L.)

249. — Chauveau (F.), d'après Le Febure. Belle
épreuve.

COSTUMES & MODES

250. — Modes, costumes, coiffures. Quarante-huit
pièces, la plupart de l'époque du Directoire
ou du 1ᵉʳ Empire, *coloriées*.

251. — La Toilette Chinoise — Le Colin-Maillard, d'après Bosio — L'Après-dîné des Anglais — Paris tel qu'il est ou le Trompe-l'œil. Quatre pièces. Belles épreuves, *coloriées*.

COURTRY (Charles)

252. — Les Amateurs d'estampes, d'après E. Meissonier. Très belle épreuve, *avec remarque signée*.

CRANACH (Lucas)

253. — La Pénitence de Chrisostôme, 1509 (B. 1). — Le Christ en croix. — St-Pierre. Trois pièces. Belles épreuves.

254. — Repos en Egypte, 1509 (3). Superbe épreuve imprimée en clair obscur. Extrêmement rare.

255. — La Décollation de St-Jean-Baptiste (61). Belle épreuve, légèrement rognée.

256. — Le même sujet (62). Très belle épreuve.

257. — Vénus accompagnée de l'Amour (113). Très belle épreuve.

258. — Un Sauvage (115) — Jeune Homme à cheval (116). Deux pièces.

259. — Un Tournoi (125). Belle épreuve (petite déchirure).

260. — Melanchton (153) — Sujets divers. Neuf pièces.

DAULLÉ (J.)

261. — Nestier (De), d'après De la Rue (Del. 48). Très belle épreuve.

262. — Rigaud (Hyac.), peignant sa Femme (69). Très belle épreuve.

DEBUCOURT (P. L.)

263. — La Soif de l'or, d'après Prud'hon (M. F. 134). Belle épreuve tirée en bistre.

263 *bis*. — Le Gourmand (498), petite pièce ronde et le même sujet petit in-fol. *avant toute lettre*. Deux pièces. Belles épreuves.

DECAMPS (A. G.)

264. — Défaite des Cimbres (A. M. 3 RRR). Très belle épreuve.

DE GOUY (A. M.)

265. — Le Triomphe de l'Enfance—Les Jumeaux. Deux pièces ovales, d'après Mlle Gérard, faisant pendants. — L'Indiscrète ? Trois petites pièces. Belles épreuves.

DELAULNE (Etienne)

266. — Moïse montrant au Peuple le Serpent d'airain, d'après J. Cousin (R. D. 61). Manque de conservation.

267. — Conversion de St-Paul, d'après J. Cousin (63). Deux belles épreuves du 2e état, et copie par M. Kartarus. Trois pièces.

268. — La Genèse (24-59). Vingt-huit pièces (sur 36).

269. — Les Mois (185-196). Suite complète. — Les Mois (225-236), 11 pl. (manque la pl. 1). Ensemble vingt-trois pièces. Belles épreuves.

270. — Grotesques à fond blanc (R. D. 340-345). Suite de six pièces. — Grotesques à fond noir (416-421). Suite de six pl. (manque 1 pl.) — Grotesques en forme de Croix de Lorraine (390-396). Suite de sept pl., y compris le titre. Ensemble dix-huit pièces. Belles épreuves.

271. — Différents sujets de l'Ancien Testament, dans des Grotesques (R. D. 428-433). Suite de six pièces. Belles épreuves.

272. — Grotesques. Trente-trois pièces, y compris des doubles.

273. — Sujet divers. Quarante-trois pièces.

DEMARTEAU (G.)

274. — Baigneuse et Amours, d'après J. B. Huet (n° 597). Très belle épreuve, *imprimée en couleurs.*

275. — Les Grâces et l'Amour, d'après F. Boucher (n° 347). Belle épreuve, *imprimée en deux tons.*

DEMARTEAU — AVRIL

276. — Vanloo (Carle), d'après lui-même. — La Tendresse Maternelle (Mme Vigée-Lebrun). — Rubens, d'après Watteau. Trois pièces. Très belles épreuves, deux tirées en sanguine.

DE NON (D. V.)

277. — De Non (D. V.), par lui-même, d'après Isabey. Deux belles épreuves, une *avant la lettre.* De Non, d'après lui-même — Mme Vigée — Le Brun d'après elle-même. Quatre pièces.

DERUET (Claude)

278. — La Carrière ou rue Neuve (de Nancy) (R. D. 3). Belle épreuve.

DETAILLE (Édouard)

279. — Feuille de croquis : Muscadins, cuirassier, etc — Un Cuirassier — En Égypte. Trois pièces. Belles épreuves.

DEVOGE (d'après F.)

280. — *François Oudot habitant des Varennes vicomté d'Auxonne, ou l'homme aux miracles, aoust 1760.* In-fol. Très belle épreuve.

DREVET (P.)

281. — Lambert (N.), d'après N. de Largillière (D. 80).
Très belle épreuve.

DREVET (Pierre-Imbert)

282. — Bavière (Elisabeth-Charlotte de), d'après H. Rigaud (D. 17). Très belle épreuve *avant le
texte au verso*.

283. — Tressan (L. de La Vergne de), d'après San-
terre (32.) Très belle épreuve *avant la lettre*.

DUCERCEAU (Androuet)

284. — Plans et vues du Louvre, de Blois, et de Beau-
regard. Dix-sept pièces. Belles épreuves.

DUCLOS (A. J.)

285. — La Reine Marie-Antoinette annonçant à Mme de
Bellegarde, des juges et la liberté de son
mari, d'après Desfossés. Très belle épreuve
avant la lettre.

DUPLESSI - BERTAUX (J.)

286. — Duplessi-Bertaux (J.) par lui-même, 2 portraits
avant et avec la lettre. Quatre pièces.

287. — Estampes relatives à Louis XVI. Cinq pièces,
une à *l'eau forte pure*.

287 *bis*. — La Bienfaisance ingénieuse, 5 messidor
an 10, 3 épr. — Visite de Bonaparte au Haras de la Malmaison?, deux pl. différentes —
Un Haras. Entrée de Louis XVIII à Paris —
Spectacle en plein vent aux Champs-Elysées.
Neuf pièces. Très belles épreuves, quatre à
l'eau-forte pure.

288. — *Tableaux historiques de la Révolution Française*, 60 pièces (scènes seules) — Tableaux
historiques des Campagnes d'Italie, 19 pl.
(2 doubles). Belles épreuves.

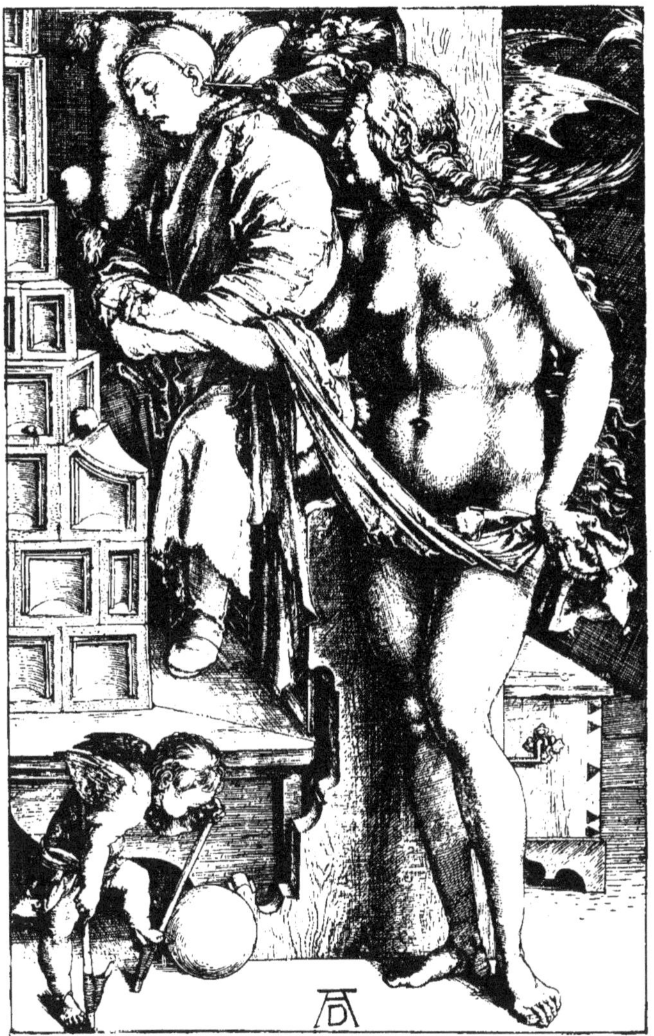

Nº 306 du Catalogue.

289. — Suite de Militaires de différentes Armes, 12 pl.
Belles épreuves. On y a joint cinq pièces,
épreuves *avant la lettre*, soit dix-sept pièces.

290. — *Suite des Cris des Marchands ambulants de
Paris*, 11 pl. (manque le titre), très belles
épreuves *avant la lettre*.

291. — *Suite de douze mendiants composée à l'imita-
tion de Jacques Callot, par J. Duplessi-
Bertaux et gravée spirituellement à l'eau-
forte par lui-même* — Paris, Didot l'aîné.
Couverture de publ. — Les Métiers, 37 pl.,
la plupart avant la lettre. Très belles épreuves.

292. — Cartes : Palais Egalité, Lycée des Arts, entrée
personnelle — Spectacle rue neuve des Ma-
thurins, épreuve d'état. Deux pièces rares.

293. — Scènes de Théâtre, 8 pl. — Programme-réper-
toire du Théâtre-Français — Vignettes pour
le *Recueil des Meilleurs contes en vers* —
Sujets divers, etc. Cinquante-cinq pièces.
Belles épreuves.

DURER (Albert)

294. — Jésus-Christ en prières au Jardin des Oliviers,
1515. Eau-forte (B. 19). Très belle épreuve
des coll. Arozarena et Archinto.

295. — L'Homme de douleurs aux mains liées, (21) —
L'Homme de douleurs, assis (22). Deux pièces. Belles épreuves.

296. — La Vierge à la couronne d'étoiles et au sceptre,
(32). Belle épreuve.

297. — La Vierge couronnée par un ange (37). Très
belle épreuve (petite restauration).

298. — La Vierge à la poire (41). Très belle épreuve.

299. — St-Philippe (46). Belle épreuve.

300. — St Christophe (51). Très belle épreuve.

301. — St Christophe (B. 52). Très belle épreuve.

302. — St Georges à cheval (54). Très belle épreuve, manquant de conservation. — Ste Geneviève (63). Deux pièces.

303. — St Sébastien (55). Très belle épreuve.

304. — St Antoine (58). Très belle épreuve.

305. — Apollon et Diane (68). Belle épreuve.

306. — L'Oisiveté (76). Très belle épreuve, coll. Malinet.

307. — La petite Fortune (78). Très belle épreuve.

308. — Le petit Courrier (80). Très belle épreuve légèrement restaurée.

309. — L'Oriental et sa femme (85). Très belle épreuve (légère restauration).

310. — Les Offres d'amour (93). Belle épreuve.

311. — Le Canon (99). Belle épreuve (déchirure).

312. — Albert de Mayence (103) — Frédéric le Sage (104). Deux pièces. Belles épreuves.

313. — Melanchton (Phil.), 1526 (105). Très belle épreuve de la coll. W. Drugulin.

314. — Erasme de Rotterdam (107). Belle épreuve.

315. — Le Rhinocéros (136). Belle épreuve.

316. — Les Armoiries de H. Pomer (163). Très belle épreuve.

317-320. — Sujets divers. Trente-cinq pièces, originaux et copies.

DUSART (C.)

321. — La Ventouse (B. 12) — Le Chirurgien de village (13) — Le Couple ivre (14) — Le Violon assis (15) — La Fête de village (16). Six pièces. Très belles épreuves.

DYCK (Ant. van)

322. — Breughel (J.). Deux belles épreuves.

323. — Breughel (P.) Belle épreuve *sur Papier à la folie.*

324. — Snyders (F.) Très belle épreuve.

324 *bis.* — Momper (J. de) — Wael (J. de) — Snellincx Franck — P. Breughel. Six pièces. Belles épreuves.

325. — Portraits d'artistes et de personnages divers. Quatorze pièces par Pontius, Vorsterman, etc.

EAUX-FORTES

326. — Portraits et sujets divers. Treize pièces par F. Rops, Leys, de Goncourt, Joyant, Rajon et Ch. Waltner. Belles épreuves, plusieurs *avant la lettre.*

ECOLES FLAMANDE & HOLLANDAISE

327. — Sujets religieux et Scènes de genre. Trente-deux pièces par Visscher, Pontius, Balliu, J. van de Velde. Belles épreuves.

ECOLES FRANÇAISE & ANGLAISE

327 *bis.* — Le Midy, par Le Gouaz, d'apr. Eisen, *avant la lettre. —* L'Elève dessinateur, par Ang. Bréjeon, d'apr. C. Vanloo. — Le Château de cartes, par Cochin, *avant l. l. —* Le Couché à l'Italienne, par L., d'apr. Vanloo. — Ah ! si je te tenais. — Je t'en ratisse. — L'Orchestre du village. — En vain Chloris. — Le Lecteur. Iris.... d'apr. Watteau. Dix pièces. Belles épreuves.

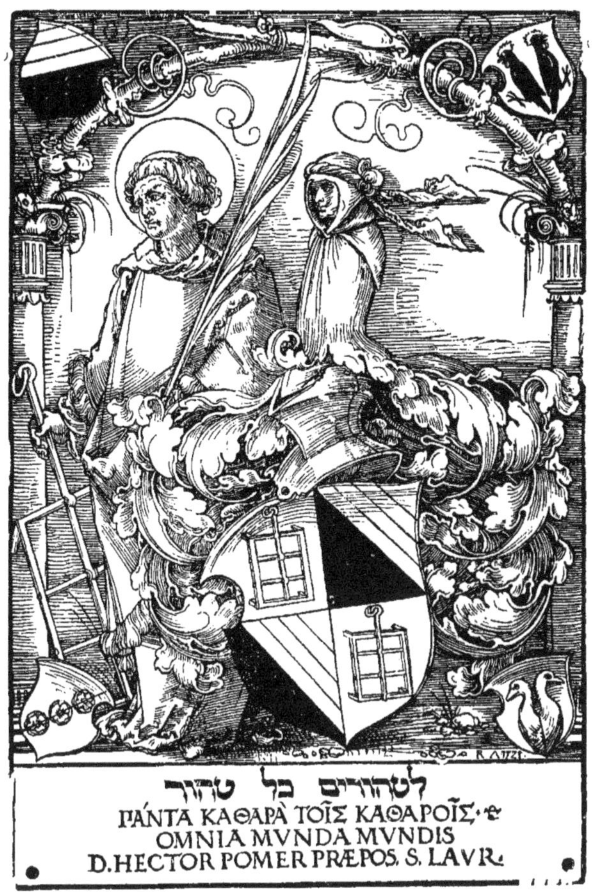

Nᵒ 316 du Catalogue.

328. — Repos de chasse, par Bénard, d''apr. Moitte. —
Vénus et l'Amour, d'après Vigée Lebrun. —
Ce Dépit n'est point redoutable..., par Su-
rugue, d'après Coypel. — L'Espagnolette, par
Lépicié, d'après Grimou. Neuf pièces. Belles
épreuves.

329. — *Rustick Employment*, par W. Ryland. — Scènes d'amours, par Bartolozzi, d'apr. Cipriani. — Zara, par Scorodomow, d'apr. Loutherbourg. Quatre pièces, *imprimées en couleurs*.

329 bis. — Marche comique. — Les Apprêts de la Guinguette.— Le Montreur d'ours.— Distribution de fourrages, etc. Douze pièces d'après Pater, Fragonard, Delafosse, Chantreau, Eisen.

EDELINCK (G.)

330. — Vérien (N.), d'après Jouvenet. — Louis XIV, frontispice du *Dictionnaire de l'Académie* (R. D. 255). — Durer (A.). — Le Brun (Ch.), d'après N. De Largillière. Quatre pièces. Belles épreuves.

EISEN (d'après Ch.)

331. — *Concert Méchanique Inventé par R¹ Richard...* 1769, par De Longueil. Très belle épreuve avec le lustre.

332. — La Jolie Fermière. — La Belle Nourrice. Deux pièces par J. De Longueil, faisant pendants. Très belles épreuves avec l'adresse de Daumont.

333. — Les Amusements champêtres. — Les Plaisirs champêtres. — Le Concert champêtre. — Le Bal champêtre. Suite de quatre pièces par J. De Longueil. Belles épreuves avec l'adresse de Daumont.

334. — Les Saisons. Suite de quatre pièces par J. De Longueil. Superbes épreuves avec l'adresse de Daumont.

335. — Les Heures du Jour. Suite de quatre pièces par J. De Longueil. Très belles épreuves avec l'adresse de Daumont.

ESTAMPES JAPONAISES

60   336. — Figures et Paysages. Dix-sept pièces par Outa-
maro, Yeizan et Kunisaga.

ÉVENTAILS

337. — L'Aurore, éventail italien du XVIIᵉ siècle, signé
F. G. I. Très belle épreuve.

16   338. — *Les Soldats de Cythère ou La Puissance de
l'Amour*. Belle épreuve.

2*   339. — Allégorie relative à la Révolution Française.
Très belle épreuve avec la suscription manuscrite suivante : *trouvé au petit trianon
dans une chiffonnière de la reine*.

EX-LIBRIS

180   340. — Ex-libris anonyme, par C. S. Gaucher, 1777,
d'après J. M. Moreau le jeune. Superbe
épreuve *avant la lettre*.

32   341. — Ex-libris Le Camus, par P. P. Choffard. Très
belle épreuve *avant toute lettre*.

40   342. — Hénault — Trudaine — M. F. Geoffroy —
Mᵐᵉ Victoire de France — Anonyme — Feli-
bien. Six pièces par Berthault, C. Duflos,
Baron et anonyme. Belles épreuves.

24   343. — Pfinzing, par M. Zundt. Deux épreuves.

FICQUET (Et.)

18   344. — Corneille (P.) — La Fontaine — Rousseau (J. B.).
— Chennevières — Voltaire — Rubens (P. P.).
— Arioste (l'). Sept pièces. Belles épreuves.

FIRENS (Pierre)

4*   345. — *Le portrait du défunt roy Henri le Grand...
en son lict de deuil*, 1610. Très belle épreuve.
Rare.

FLAMEN (Alb.)

346. — Vues des Environs de Paris. Vingt-deux pièces.

347. — Poissons — Oiseaux. Seize pièces.

FLIPART (J. J.)

348. — Favart (Mme), d'après Cochin fils. — Greuze (J. B.), d'après lui-même.— Concours pour le prix de l'Étude des Têtes et de l'Expression (Mlle Clairon), d'après Cochin fils.

FORTUNY (M.)

349. — Velasquez. Deux belles épreuves *avant la lettre*.

FRAGONARD (Honoré)

350. — Les Bacchanales, suite de quatre estampes (P. de B. 6-9). Très belles épreuves.

351. — Le Baiser dangereux, par Flipart. Très belle épreuve.

352. — La Fontaine de l'Amour, par N. F. Regnault. Belle épreuve à la *lettre grise*.

353. — L'heureuse fécondité, par N. De Launay. Belle épreuve.

354. — La Mère de Famille, par A. Romanet. Trois belles épreuves, une *imp. en couleurs avec rehauts*.

FREUDEBERG (d'après S.)

355. — Le Lever, par Romanet. Belle épreuve.

FRONTISPICES

356. — Frontispices de livres, par C. de Pas, Th. de Bry, G. Huret, etc. Dix pièces. Belles épreuves.

GAILLARD (C. F.)

357. — Tête de cire du Musée de Lille (H. B. 36). Très belle épreuve *avant la lettre*, sur chine.

358. — Vierge de Jean Bellin — La Vierge au donateur, d'après J. Bellin. — Le Condottière, d'après Ant. de Messine — L'Homme à l'œillet, d'après Van Eyck. — Durer (A.) Six pièces. Belles épreuves.

GAUCHER (C. E.)

359. — Du Barry (Mme), d'après Drouais (P. et B. 50). Belle épreuve.

GAULTIER (Léonard)

360. — Sujets du Nouveau Testament. Quatre-vingt-sept petites pièces. Très belles épreuves.

360 *bis*. — Le Jugement dernier, d'après M. A. Buonarotti. Deux belles épreuves, l'une avec l'adresse de Mariette.

361. — Henri IV, Louis XIII et Anne d'Autriche, estampe en forme de frise (Messager ex). — Louis XIII enfant, 1611 — Henri IV et sa Famille, 1602. Trois pièces. Belles épreuves.

·GERMAIN (P. F.)

362. — Journée du 25 juin 1791. Le Roi arrivant de Varennes à Paris. Superbe épreuve.

GELLÉE (Claude)

363. — La Fuite en Egypte (R. D. 1) — L'Apparition (2) — Le troupeau à l'abreuvoir (4) — Le passage du gué (3) — La Tempête (5). Neuf pièces.

364. — Le Naufrage (7) — La Danse sous les arbres (10) — Le Port de mer au fanal (11) — Scène de brigands (12). Huit pièces.

13   365. — Le Bouvier (8). Belle épreuve.

20   366. — Le Dessinateur (9). Très belle épreuve.

18   367. — Le pont de bois (14) — Le Chevrier (19) — Le Temps, Apollon et les Saisons (20) — Berger et bergère conversant (21). Cinq pièces.

368. — L'Enlèvement d'Europe (22) — Le Pâtre et la bergère (25) — Les quatre Chèvres (27) etc. Treize pièces.

GHEYN (Jacques de)

19   369. — Le Berceau royal du Duc d'Anjou. Belle épreuve.

38   370. — Tritons et Néréides (fond de plat). Belle épreuve.

371. — Officiers de guerre. Cinq pièces d'après H. Goltzius. Très belles épreuves.

GOLTZIUS (Henri)

46   372. — LES CHEFS D'ŒUVRE DE GOLTZIUS : La Visitation (B. 16) — L'Adoration des Bergers (17) — La Circoncision (18). — Sainte Famille (20). Quatre pièces. Belles épreuves.

373. — La Nativité, 1615 (21), 2 épr. Trois pièces Repos de la Ste Famille, 1589 (B. 24).

2   374. — J. Boll (161). Belle épreuve.

18   375. — Henri IV, 1592 (174). Très belle épreuve de la coll. P. Mariette (sans marge).

18   376. — Officiers de guerre (216-218). Deux pièces.

GOYA (F.)

95   377. — Les Proverbes (P. L. 124-141). Suite complète de dix-huit pièces. Belles épreuves en cahier.

180   378. — Les Malheurs de la Guerre (P. L. 145 — 224). Suite complète de quatre-vingts pièces. Très belles épreuves en 1 alb. petit in-fol. obl.

GRATELOUP (J. B. de)

379. — Bossuet, en pied (F. 1). Très belle épreuve sur chine, de la coll. Robert-Dumesnil.

380. — Bossuet (2). Très belle épreuve du 1ᵉʳ état, sur chine.

381. — Dryden (J.) (4) — Montesquieu (7) — Rousseau (J. B.) (9). Trois pièces. Belles épreuves.

382. — Fénelon, d'après Vivien (5). Superbe épreuve du 2ᵉ état, *avant toute lettre*.

383. — Le Couvreur (Adrienne), d'après Ch. Coypel (6). Belle épreuve du 1ᵉʳ état (remmargée).

384. — Polignac (Cᵃˡ de), d'après Rigaud (8). Superbe épreuve du 1ᵉ état.

GRATELOUP (J. P. S. de)

385. — Dryden (J.), 1810 (F. 1). — Napoléon, d'après Droz (6). Deux pièces. Très belles épreuves.

GREUZE (d'après J. B.)

386. — Jeune fille pleurant son oiseau mort, par J. J. Flipart — L'Enfant au chien, par C. G. Schultze — La petite Sœur, par Hauer. Trois pièces. Belles épreuves.

GREUTER (M.) — GUÉRARD (Nic.)

387. — Strasbourg, d'après D. Specklin — Vue de la Place des Victoires. In-fol. Belle épreuve *avec la légende*.

COUVAY (J.) — GUÉRARD (N.)

388 — Le Palais des facultés de l'Ame — Le beau Séjour des cinq Sens. Deux pièces d'après G. Huret, faisant pendants — Singeries amoureuses, 4 pl. Belles épreuves.

HADEN (F. Seymour)

2f 389. — Fulham (R. D. 18). Deux très belles épreuves
d'état différent.

2.0 390. — La Tamise à Battersea (R. D. 45). Très belle
épreuve *avant le ballon*.

60 391. — Maison de Whistler au vieux Chelsea (R. D. 47).
Très belle épreuve.

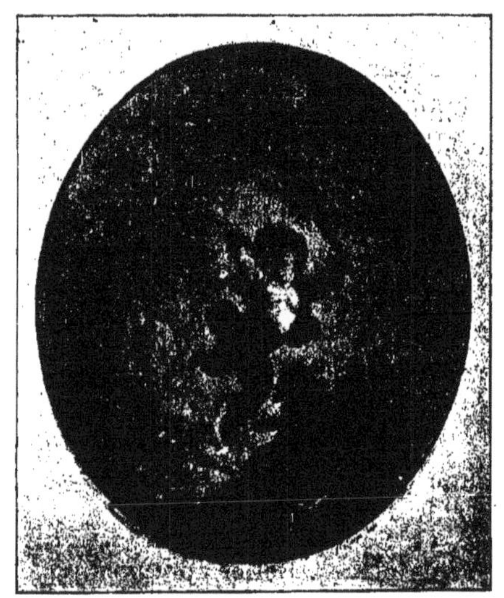

Nº 417 du Catalogue.

HELMAN (J. S.)

32 392. — Le Charlatan Français — Le Charlatan Alle-
mand. Deux pièces d'après Bertaux, faisant
pendants. Très belles épreuves.

HOGARTH (W.)

13 393. — Le Prédicateur, 1736 — Christophe Colomb,
1753 — Médianoche dans le goût moderne
— Histoire d'une fille publique (copies). Neuf
pièces. Belles épreuves.

HOOGHE (R. de)

32 394 — *Cérémonie du Baptême de Mgr le Dauphin fait à St-Germain-en-Laye le 24 Mars 1668.* — Entrée du Roy (Louis XIV), dans Dunkerque. Gr. in-fol. Entrée de leurs Majestés dans Paris, 26 août 1660 (Epr. rognée), etc. Quatre pièces.

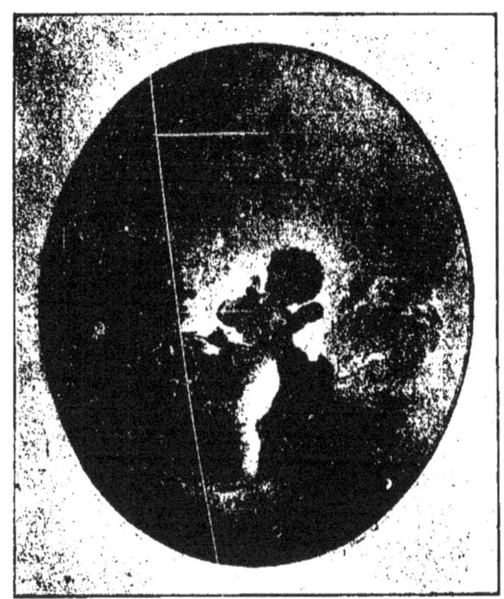

N° 417 du Catalogue.

HOPFER (les)

38 395. — Sujets religieux — Scènes de Mœurs — Ornements — Portrait de Maximilien, Emp. d'Allemagne. Onze pièces. Belles épreuves.

·HUCHTENBURG (J. Van) — FERDINAND

1(396. — *Marche du Roy accompagné de ses gardes passant sur le Pont neuf et allant au Palais.* Estampe en 3 feuilles — Le Retour de la Paix. Très belles épreuves.

HUCK (J. G.)

397. — Rubens. (P. P.), d'après lui-même. Superbe
épreuve, *à la lettre grise, avant la dédicace.*

HUET (J. B.)

398. — Huet (J. B.). Belle épreuve tirée en sanguine.

399. — Nymphe sacrifiant sur l'autel de l'Amour, par
Demarteau. Superbe épreuve *imprimée en
couleurs* (sans marges).

400. — L'Oiseau présenté — L'Oiseau envolé. Deux
pièces par Demarteau, faisant pendants. Superbes épreuves, *imprimées en couleurs*
(sans marges).

401. — Le Départ du Marché — Le Retour du Marché.
Deux pièces par L. Legrand, faisant pendants.
Superbes épreuves, *imprimées en couleurs.*
— Etudes d'animaux, 2 p. Ensemble quatre
pièces.

402. — Le Départ de campagne, par Jubier. Deux belles
épreuves, une *imprimée en couleurs* (sans
marges).

403. — Pastorale. Epreuve *imp. en couleurs,* sans
marge.

HUMBLOT — BENARD — B. PICART

404. — Rue Quinquempoix en l'année 1720 — Almanach de la Fortune ou Agenda de la rue
Quinquempoix (l'almanach manque) — Monument consacré à la postérité... Trois pièces. Belles épreuves.

INGRES (d'après)

405. — Odalisque, par Sudre, 1826. Très belle épreuve
avec *dédicace de Ingres à Thévenin.*

JACQUEMART (Jules)

406. — Jacquemart (J.), par lui-même, 1877. Fac-simile d'aquarelle. Deux épreuves.

407. — Aiguière à grotesques d'Urbino (G. 5). Très belle épreuve d'essai.

408. — Bijoux antiques de la collection Campana (10-11). Deux pièces. Très belles épreuves *avant la lettre*.

408 *bis*. — Buste de Henri III (15). Belle épreuve *avant la lettre*.

409. — Bijoux polonais de la coll. du prince Czartoryski (19). Très belle épreuve *avant la lettre*.

410. — Trépied par Gouthières (23). Superbe épreuve d'essai, sur chine.

411. — Bijoux du XVIᵉ siècle (24). Très belle épreuve *avant la lettre*.

411 *bis*. — Souvenirs de voyage (G. 329) — L'Écureuil et la Mouche (330) — Frontispice de la Société des Aquafortistes (331) — Plantes de serre (332). Quatre pièces. Belles épreuves.

412. — Huit études et composition de fleurs — Les Eléments (342-347). Suite de six estampes, y compris le titre. Ensemble quatorze pièces. Très belles épreuves.

413. — Cuiller en argent artistique, gravée pour Tiffany (394). Très belle épreuve.

414. — *Les Gemmes et Joyaux de la Couronne, publiés et expliqués par Barbet de Jouy... et gravés... par Jules Jacquemart*, 1865. Texte et 60 planches en feuilles. Très belles épreuves.

415. — Table en buis de l'exposition de M. Beurdeley
— Miroir Français (21) — Canne de M. de
Balzac (27) — Le vieux marché de Fécamp
(334) — Rembrandt, d'après lui-même. Cinq
pièces. Belles épreuves, *avant la lettre*.

416. — Objets d'art et sujets divers. Soixante pièces.
Belles épreuves. *Ce nº sera divisé.*

JANINET (J. F.)

417. — L'Amour — La Folie. Deux pièces de forme
ovale, d'après H. Fragonard, faisant pendants. Superbes épreuves *imprimées en couleurs*, la Folie, avec *les noms des artistes à
la pointe*. Très petites marges, coupées en
ovale.

418. — Le Rendé-vous comique, d'après Ant. Watteau,
(1774). Très belle épreuve *imprimée en couleurs*.

419. — Vues de Paris : Pont Louis XVI — Places
Royale, Vendôme, des Victoires et Louis XV
— Palais Bourbon, 2 vues — Hôtel-de-Ville —
— Palais-Royal — 2ᵉ vue des Tuileries — La
Sorbonne. Onze pièces petit in-fol. Très
belles épreuves, *imprimées en couleurs*.

420. — Scènes galantes, six très petits sujets de forme
ronde, pour boutons, gravés sur le même
cuivre. Très belle épreuve, *imprimée en couleurs*.

420 *bis*. — Trois petits sujets de forme ronde, pour
boutons, gravés sur le même cuivre. Belle
épreuve, *imprimée en couleurs*.

421. — Sujets gracieux. Six toutes petites pièces rondes
gravées sur le même cuivre (motifs de boutons), 2 épreuves, l'une tirée en *sanguine*.

422. — La Danse au cabaret — La Tabagie hollandaise
— Foire hollandaise — La Chaumière flamande. Sept pièces d'après A. van Ostade.
Très belles épreuves *imprimées en couleurs*,
quatre sans marge.

JANINET — DESCOURTIS — CHAPUY

423. — Le Rendé-vous, d'après Benazech — Jardin des
Tuileries, d'après De Machy — Ruines ro-
maines, d'après Pernet. Cinq petites pièces
de forme rondes ou ovales, *imprimées en
couleurs*.

JANINET et LE CAMPION

424. — Notre-Dame de Paris — Palais de Justice —
Pavillon du Palais Bourbon — Pont
Louis XVI — Intérieur de l'Eglise St Eusta-
che. Cinq petites pièces, *imprimées en couleurs*.

KAUFFMANN (d'après A.)

425. — Sujets gracieux. Quatre pièces par Scorodoo-
moff et W. Ryland, de forme ronde, formant
série. Belles épreuves *imprimées en couleurs*, (filets de marge).

LALANNE (M.)

426. — Un vieux Port de la Normandie, marée basse
(H. B. 114). Très belle épreuve sur japon,
signée.

LAMI (Eug.)

427. — Les Contretemps. Suite complète de 24 pièces,
épreuves *coloriées*.

LANCRET (d'après N.)

428. — Le Berger indécis, par J. Tardieu (E. B. 16). Superbe épreuve.

429. — Le Théâtre Italien, par G. F. Schmidt (79). Très
belle épreuve du 1ᵉʳ état.

LANDRY (à Paris chez G.)

430. — *Première Entrevue de Louis XV... et de Marie Anne Victoire Infante d'Espagne...* Belle épreuve.

LANTARA (d'après)

431. — *XIIe cahier de Paysages Dessinés d'après Nature* par Lantara (Vues de Paris et des environs). Vingt-quatre pièces tirées en sanguine sur huit feuilles réunies en cahier. Belles épreuves.

LASNE — GANTREL — BRUGGEN

432. — Portraits équestres de Louis XIII et de Louis XIV — Marillac (M. de) — Dyck (A. van). Quatre pièces. Belles épreuves.

LAVREINCE (d'après N.)

433. — L'Heureux moment, par N. De Launay (E. B. 28). Epreuve ancienne.

434. — La Balançoire mystérieuse, par Vidal — Qu'en dit l'abbé ? Deux pièces. Belles épreuves (sans marges).

435. — La Soubrette confidente, par Vidal (61). Belle épreuve.

LE CARPENTIER

436. — Fragonard (Honoré), 1803. Très belle épreuve du 1er état *avant le nom du graveur* dans la marge.

LECLERC (Sébastien)

437. — Portraits de l'artiste — Profil de la ville de Metz, 1650, rare — Le Mai des Gobelins — Sujets divers. Cent vingt pièces.

LE MIRE (Noël)

438. — Le Gâteau des Rois. Superbe épreuve.

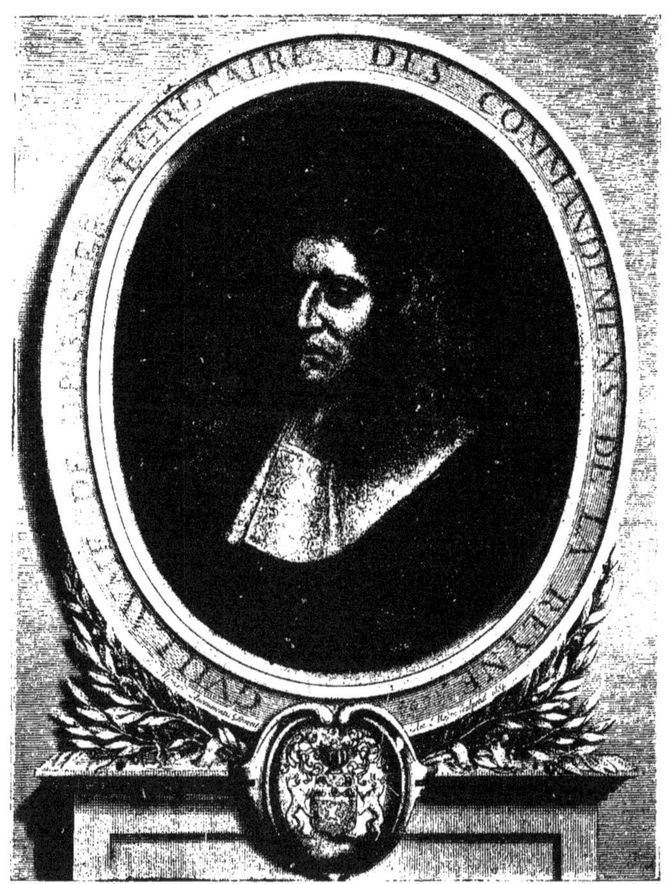

N° 473 du Catalogue.

LEPAUTRE (Jean)

439. — Le Vœu de Louis XIII à la Vierge — Sacre de
Louis XIV — Création des Chevaliers de
l'Ordre du S' Esprit, 1680. Quatre pièces.

LE PRINCE (J. B.)

440. — Sujets divers et Paysages. Onze pièces.

LEU (Th. de)

441. — Sacre de Louis XIII, d'après F. Quesnel. Deux pièces différentes.

LEYDE (Lucas de)

442. — Portraits de l'artiste, par H. Hondius et A. Stock. — Adam et Eve pleurant la mort d'Abel (B. 6). Trois pièces. Belles épreuves.

443. — Adam et Eve fugitifs (11) — Abraham renvoyant Agar (18). Deux pièces.

444. — La Fille de Jephté allant au devant de son père (23) (mal conservée).

445. — Joseph interprêtant les songes de Pharaon (23). — Samson et Dalila (25). Deux pièces.

446. — David jouant de la harpe devant Saül (27). Belle épreuve.

447. — Salomon adorant les idoles (30). Deux épreuves.

448. — Mardoché mené en triomphe (32). Epreuve mal conservée (doublée) — Suzanne et les Vieillards (33). Quatre pièces.

449 — St Joachim et Ste Anne (34). Deux belles épreuves.

450. — L'Adoration des Mages (37).

451. — La résurrection de Lazare (42). Deux épreuves, une sur papier au *P gothique.*

452. — Jésus-Christ présenté au peuple (50) — Le Couronnement d'épines (62). Pièce de forme ronde. Deux pièces. Belles épreuves, la seconde sans la bordure.

453. — L'Homme de douleurs, 1517 (76) — Jésus apparaissant à Madeleine, 1519 (77). Deux pièces. Belles épreuves.

454. — Le Retour de l'Enfant prodigue (78), épr. restaurée.

455. — La Vierge debout sur un croissant, dans une niche (81). Belle épreuve.

456. — La Vierge debout sur un croissant dans une gloire, 1523 (82). Belle épreuve.

457. — S' Pierre et S' Paul (106). Deux épreuves.

457 *bis.* — S' Christophe (109). Belle épreuve.

458. — S' Jérôme (112-113-114). Trois pièces.

459. — S' Antoine Ermite (116) — S'° Madeleine (124). Deux pièces. Belles épreuves.

460. — Tentation de S' Antoine (117) Belle épreuve.

461. — Le moine Sergius tué (126). Deux épreuves, l'une avec le nom de M. Petri.

462. — Les sept Vertus (127-133). Suite de sept pièces, incomplète de la pl. 2. Belles épreuves.

463. — Vénus et l'Amour — Pallas (138-139). Deux pièces. Belles épreuves.

464. — Un jeune Homme à la tête d'une troupe armée (142) — Les Gueux (143). Deux pièces. Belles épreuves.

465. — L'Opérateur — La Laitière — Le Chirurgien. Trois pièces.

466. — Un Homme et une Femme assis dans une campagne, 1520 (148). Belle épreuve.

467. — Tête d'un guerrier, 1527 (160) — Compositions d'ornements (161-162) — Un écusson rempli par un mascaron (167) — Les Armes de la Ville de Leyde au milieu de quatre ronds (168) — Deux rinceaux d'ornements (169) — Deux ronds (171). Huit pièces.

467 *bis.* — Portrait de jeune homme (174). Deux épreuves.

LOUIS XVI ET MARIE-ANTOINETTE

468. — Louis XVI et Marie-Antoinette, de profil, dans deux médaillons fixés par des anneaux à une guirlande de fleurs qui s'enlaçent avec des rubans formant un encadrement en forme de cœur. Rarissime épreuve *imprimée en couleurs*, sur satin, avec *rehauts d'or*.

468 *bis*. — Portraits de Marie-Antoinette et Allégories relatives à cette Reine. Huit pièces par Née, Croisier, Eisen, Le Veau, A. de S' Aubin, etc.

MARCENAY DE GHUY (Ant. de)

469. — Marcenay de Ghuy (L. Morand 18) par lui-même — Portraits et sujets divers. Seize pièces. Très belles épreuves.

MAROT (Jean)

470. — Paris : Eglises, Monuments, Maisons de plaisance. Treize pièces. Belles épreuves.

MARTINI (P. A.)

471. — Exposition au Salon du Louvre en 1787. Belle épreuve.

MASSARD (J.) — LÉPICIÉ (R.)

472. — Boucon — Molière — Watteau — Bertin — Livry (Nic. de), d'après L. Tocqué. — Six pièces. Très belles épreuves, une *avant la lettre*.

MASSON (Ant.)

473. — Brisasier (Guill. de), 1664 (R. D. 15). Superbe et très rare épreuve du 2° état, avec les *deux* fautes.

473 *bis*. — Patin (Ch.) (60). Deux belles épreuves, une d'un 1° état, *non décrit, avant* les contretailles sous la main.

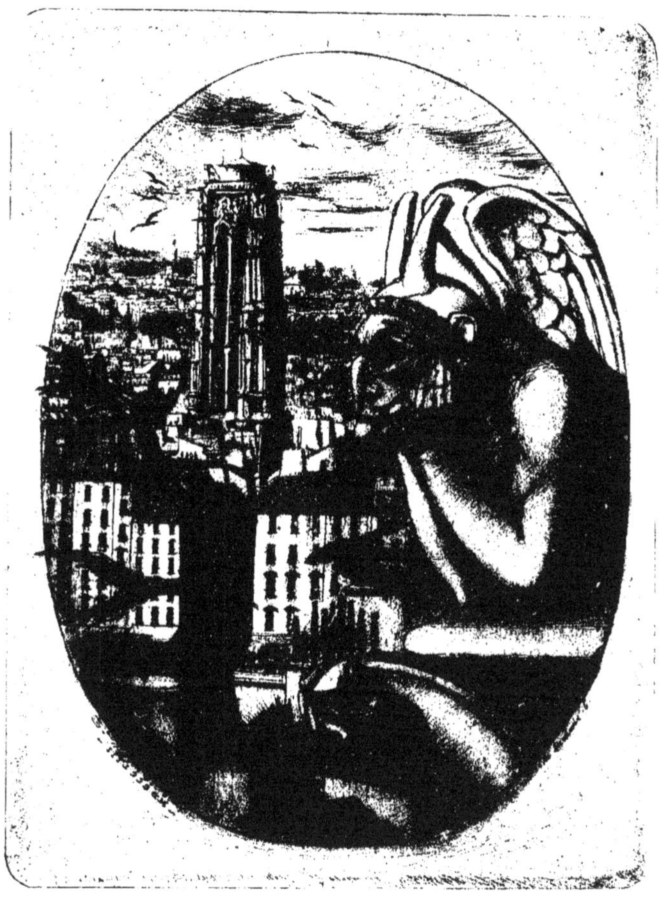

N° 480 *bis* du Catalogue.

MATHAM (J.) — GÉRARD (M.)

474. — Les Péchés capitaux. Suite de sept pièces d'après
H. Goltzius. — Les Travaux d'Hercule. Suite
de 12 pl. Très belles épreuves.

MEIER (Melchior)

475. — St-Bernard, patron de la Suisse. Belle épreuve.

MENAGNOT (R.) — HOIN (Cl.)

476. — Hoin (Cl., par lui-même. — Bartolozzi (Franç.), graveur, 1778. Deux pièces. Belles épreuves, la 2e tirée en sanguine.

MERYON (Charles)

477. — Meryon (Ch.), par Bracquemond et L. Flameng. Trois pièces. Belles épreuves.

478. — Le Pont-Neuf et la Samaritaine, d'après Nicolle. Très belle épreuve.

479. — Le Pont-au-Change vers 1784, d'après Nicolle. Très belle épreuve.

480. — Titre des *Eaux-fortes sur Paris*, 2 exempl. — — Dédicace-inscription à Zeeman. — Frontispice : ancienne porte du Palais-de-Justice. — Armes de la Ville de Paris. — Tombeau de Molière, cul-de-lampe. Six pièces. Très belles épreuves.

480 *bis*. — Le Stryge. Très belles épreuve du 2e état, les vers effacés.

481. — Le Petit Pont. Deux belles épreuves.

482. — L'Arche du Pont Notre-Dame. Belle épreuve avec le n° 3.

483. — La Galerie Notre-Dame. Très belle épreuve avec le n° 4.

484. — La Rue des Mauvais-Garçons, 1854. Très belle épreuve.

485. — La Tour de l'Horloge. Trois belles épreuves.

486. — Tourelle, rue de la Tixéranderie. Superbe épreuve du 2e état, sur papier verdâtre.

487. — La même estampe. Très belle épreuve avec le
n° 6.

488. — S¹-Etienne-du-Mont. Deux belles épreuves.

489. — La Pompe Notre-Dame. Belle épreuve *avant
le n°.*

490. — La même pièce. Belle épreuve avec le n° 8.

491. — La Petite Pompe. Belle épreuve.

492. — Le Pont-Neuf, 1853. Très belle épreuve du
3ᵉ état, les vers enlevés, mais *avant que la
cheminée n'ait été effacée.*

493. — Le Pont-au-Change. Superbe épreuve du
1ᵉʳ état, *avec le ballon Speranza.*

494. — La même estampe. Très belle épreuve, le ballon
effacé, avec un vol de corbeaux, et le titre,
sur chine.

495. — La même estampe. Belle épreuve, les corbeaux
effacés, avec une douzaine de ballons, le n° 18,
le nom de Meryon effacé.

496. — La Morgue. Belle épreuve du 2ᵉ état, *avant le
titre.*

497. — La même estampe. Belle épreuve avec le
n° 11.

498. — L'Abside de Notre-Dame de Paris. Très belle
épreuve avec le n° 12.

499. — Rue Pirouette aux Halles. — L'Arche du Pont
Notre-Dame. — Bains froids Chevrier. —
Passerelle du Pont-au-Change après l'incen-
die de 1621. — Tourelle de la rue de l'Ecole-
de-Médecine. Six pièces. Belles épreuves.

500. — Collège Henri IV. Très belle et rare épreuve
avec la mer, au fond.

500 *bis.* — La même pièce. Très belle épreuve avec les
changements.

501. — Partie de la Cité de Paris, vers la fin du
XVIIᵉ siècle. Deux belles épreuves.

502. — La Rue des Chantres, 1852. Belle épreuve.

503. — Ministère de la Marine. Belle épreuve *avant la lettre*.

504. — La rue des Toiles, à Bourges. Très belle épreuve du 2ᵉ état.

505. — Ancienne habitation à Bourges. Très belle épreuve *avant la lettre*.

506. — La Salle des Pas-Perdus, d'après Androuet Du-cerceau. Belle épreuve.

507. — Le Grand Châtelet vers 1780. Très belle épreuve.

508. — Le Pavillon de Mademoiselle et une partie du Louvre. — Entrée du faubourg Sᵗ-Marceau. — Moulin à Eau près Sᵗ-Denis. — La Rivière de Seine à l'angle du Mail. Quatre pièces d'après R. Zeeman. Très belles épreuves auxquelles on a joint les pièces originales de Zeeman. Soit ensemble huit estampes.

509. — Entrée du Couvent des Capucines à Athènes. Très belle épreuve du 2ᵉ état.

509 *bis*. — San Francisco. Belle épreuve sur japon.

510. — Bizeul (L. J. M.), 1861. Belle épreuve.

511. — Fillon (Benjamin). Très belle épreuve sur chine.

512. — Lecomte (Casimir) — Laudonnière (de) — Besly (J.) — Viète (F.) — Guérault. Six pièces. Belles épreuves.

512 *bis*. — Chenonceau — Plan de la Bataille de Sinope — Adresse de Rochoux — Loi Solaire — Rébus, etc. Sept pièces. Belles épreuves.

513. — Couverture et Planches du Voyage à la Nou-velle-Zélande. Six pièces. Belles épreuves.

514. — Le Vaisseau fantôme, par Th. Chauvel. Très belle épreuve du 1ᵉʳ état, *avant la lettre*, note de Ph. Burty.

MEUSNIER (Louis)

515. — *Veue du Palais, Jardins, et Fontaine D'Aran-
gouesse, Maison de plaisance du Roy d'Espagne*, 1665 (R. D. 56-65). Suite de dix pièces.
Très belles épreuves avec les n⁰ˢ.

515 *bis*. — Vues d'Espagne. Treize pièces. Belles
épreuves.

MONNET (d'après C.)

516. — Le Larcin, par Robillac. Belle épreuve *imprimée en couleurs*.

MOREAU L'AINÉ (L.)

517. — On y court plus d'un danger, par Germain et
Patas. Belle épreuve.

MOREAU LE JEUNE (J. M.)

518. — Serment de Louis XVI à son Sacre (E. B. 254).
Très belle épreuve.

519. — *Groupe tiré du Superbe Dessin de M. Moreau
le jeune, représentant la Revue du Roi à la
Plaine des Sablons*, par Malbeste. Très belle
épreuve *avec le texte-prospectus*. Rare.

520. — Arrivée de la Reine à l'Hôtel-de-Ville, le 21
janv. 1782 — Le Feu d'artifice, 23 janvier 1782
(E. B. 202-203) Deux pièces faisant pendants.
Belles épreuves.

521. — Le Bal masqué (Epr. double) — Exemple d'Hu-
manité donné par le Dauphin, 16 octobre
1773, par F. Godefroy (Epr. sans marge sur
3 côtés). Deux pièces.

522. — Cérémonie de la Remise de l'Impératrice
Marie-Louise, à Braunau, par Gros (E. B.
897). Belle épreuve *avant la lettre*.

523. — La Dame du Palais de la Reine, par Martini. (E. B. 1359) Belle épreuve avec les lettres A. P. D. R.

524. — J'en accepte l'heureux Présage, par Ph. Trière (E. B. 1350). Très belle épreuve avec les lettres A. P. D. R.

525. — La Partie de Wisch (sic), par J. Dambrun (E. B. 1365). Très belle épreuve avec les lettres A. P. D. R.

526. — La petite Loge, par Patas (E. B. 1368). Très belle épreuve avec les lettres A. P. D. R.

527. — Les Précautions, par P. A. Martini (E. B. 1349). Très belle épreuve avec les lettres A. P. D. R.

528. — Planches du Monument du Costume. Vingt-et-une pièces par Helman, Romanet, Patas, Guttenberg, etc. Bonnes épreuves.

MORELSE (Paul)

529. — L'Amour et les deux jeunes Femmes, camaïeu. Très belle épreuve.

MORIN (J.) — MELLAN (Cl.)

530. — Anne d'Autriche, 2 portr. — Louis XIII — Richelieu. Quatre pièces. Belles épreuves.

NANTEUIL (R.)

531. — Chapelain (Jean), 1655 (R. D. 60). Très belle épreuve.

532. — Mazarin (Cardinal de). Belle épreuve du 2ᵉ état.

NAPOLÉON Iᵉʳ (Estampes relatives à)

533. — Vue de la Grande Parade par l'Empereur dans la cour des Tuileries, par Le Grand, d'après Naudet. Belle épreuve.

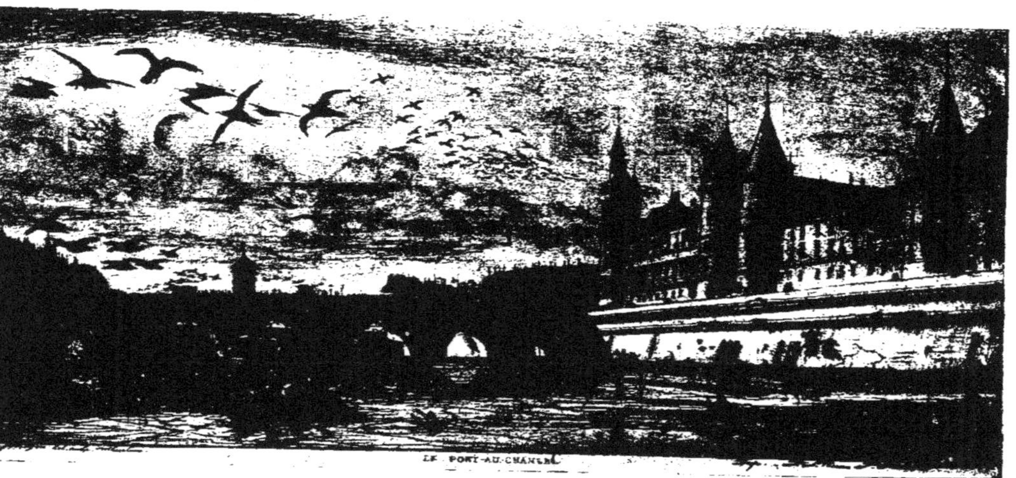

Nᵒ 494 du Catalogue.

40   534. — Portraits de Napoléon Ier, Marie-Louise, la reine Hortense, etc. Neuf pièces par Massard, Benoist jeune, F. Rosaspina, Choffard. Belles épreuves, plusieurs coloriées.

NATTIER (d'après J. M.)

2(535. — France (Mme Marie Henriette de), par J. Tardieu. Belle épreuve.

42   536. — France (Mlle Marie L. Th. Victoire de), par R. Gaillard. Belle épreuve.

96   537. — Orléans (L. V. de Bourbon-Conte, D^{sse} d'), en Hébé, par Hubert. Très belle épreuve.

26   538. — La Force (Mme de Châteauroux), par Baléchou. Belle épreuve.

ORNEMENTS

16   539. — BELLA (Stephano della). Cartouches divers — Vases — Décorations de jardins. Cinquante pièces. Belles épreuves.

1H   540. — BERAIN (Jean). Panneaux arabesques. Huit pièces. Belles épreuves.

20   541. — BLONDUS (Michel). Manches de couteaux (deux sur la feuille). Trois pièces numérotées 2, 3 et 4. Très belles épreuves.

13   541 *bis.* — Frises d'animaux, d'oiseaux et d'insectes dans des feuillages. Suite complète de six pièces. Très belles épreuves.

92   542. — BOURGUET (J.) Ouvrages d'horlogerie, 1702 et 1723, pl. num. de 1 à 10, plus un double et une pièce non num, soit douze pièces réunies en 1 vol. in-8, cart.

26   543. — Motifs pour l'orfévrerie et la bijouterie, 1723. Cinq pièces rares. Belles épreuves.

10   544. — BRY (J. Th. de). Dés avec sujets à emblêmes religieux. Deux pièces. Très belles épreuves.

545. — Manches de couteaux. Trois pièces à 2 motifs et quatre pièces à motif unique.

546. — Agrafes, pendeloques, arabesques, frises. Treize pièces.

547. — Gaines de couteaux. Trois pièces.

548. — Fonds de soucoupes — Bustes de personnages sur fonds noirs. Vingt-neuf pièces. Belles épreuves.

549. — DE LACOLLOMBE — GUÉRARD (N.) Nouveaux dessins d'arquebuseries. Titres et treize pièces, la plupart mal conservées.

550. — DE LA FOSSE (J. C.) — PEYROTTE — TORO. — Trophées et Ornements divers. Trente-six pièces par Tardieu, Le Canu et Jacob. Belles épreuves.

551. — DELAULNE (Et.) Miroir à main (poignée coupée) (R. D. 314). Belle épreuve.

552. — HURTU (Jacques). Dessins d'orfèvrerie, 1614. Cinq pièces rares.

553. — JACQUARD — COLLAERT etc, Ornements divers. Dix-huit pièces par Jacquard, Collaert, Boivin, Janssen, Le Blon.

554. — JANSSEN (H.). Manches de couteaux. Trois pièces numérotées 2, 3 et 4. Très belles épreuves. — Pièces d'armurerie, 2 pl. num. 1 et 2. — Le grand Plat aux Eléments.

555. — Les grands ovales représentant les Eléments entourés d'arabesques. Suite de quatre pièces. Très belles épreuves. — Petit rinceaux, 3 pl. Ensemble sept pièces.

556. — J. G. 1527-1529. — BRUYN (N. de). Montants d'ornements et frises. Enfants et animaux. Neuf pièces rares.

557. — LEFEBVRE (Fr.) Livre de Feuilles et de Fleurs utiles aux Orfeures. Titre et trois pièces (coupées en ovale).

558. — Passe (Crispin de) Les Cinq Sens. Titre et 5 petites pièces à motifs d'ornements.

559. — Sadeler (Gilles). Vases ornés — Couteaux. Suite de douze pièces d'après Polydore de Caravage et F. Salviati. Très belles épreuves.

560. — Divers : Encadrements, par Ranson; Trophées, par Kaltner, d'après Huet et de Cuvilliès fils, etc. Treize pièces. Belles épreuves.

561. —Ornements par Passe, Bourdon, M. Gérard, etc. Treize pièces.

562. — Grotesques — Motifs d'orfèvrerie et de bijouterie. — Arabesques. Seize pièces par Gilles L'Egaré, M. Duval, B. Sylvius, J. L. Durant, etc.

563. — Cartouches —Frise — Motif d'autel — Oiseaux fantastiques. Cinq dessins anciens attribués à divers maîtres.

563 *bis*. —Ornements divers. — Sujets à entourages d'ornements. Vingt-et-une pièces anciennes.

564. — Ornements des anciens Maîtres (xv⁰-xviii⁰ siècles) recueillis par O. Reynard, reproductions d'ornements par Clerget, Baldus, etc. Environ deux cents pièces.

OSTADE (A. van)

565. — Le Fumeur à la fenêtre (B. 10). — Les Harangueurs (19). — La Grange (23). — L'Homme conversant avec la Femme (37). — Le Charcutier (41). — La Fête sous la treille (47). — La Danse au cabaret (49). Neuf pièces.

PARIS (Estampes relatives à)

566. — Vues générales de Paris aux xvii⁰ et xviii⁰ siècles, par Cochin et autres. Cinq pièces. Belles épreuves.

567. — *Vue et perspective du pont neuf de paris*, par R. de Hooghe.—*Représentation des Machines qui ont servi... le fronton... du Louvre*, par S. Le Clerc. — Réfectoire des Invalides, par Lepautre? — Décintrement du Pont de Neuilly. — Vue intérieure de Paris, prise du Pont Royal, par Berthault, d'après de Lespinasse, eau-forte pure. — Vue de l'Amphithéâtre anatomique construit sous le règne de Louis Le grand... 1694, par C. Simonneau et A. Perelle. Six pièces in-fol.

568. — Vues de Paris. Cent-trente pièces anciennes.

569. — Vues de Paris et de ses Environs. Soixante-quinze pièces par Silvestre, Perelle, Flamen, Martinet, etc. Belles épreuves.

PASSE (C. de)

570. — La Parabole du Mauvais riche. Suite de douze petites pièces de forme ronde. — Les Mois, d'après M. de Vos, suite de 12 pl. — Les Ages de la Vie, 4 pl. — Les Muses, 9 pl. Ensemble trente-sept pièces. Belles épreuves.

571. — Les Eléments, 4 pl. — L'Enfant prodigue, 6 pl. — Allégories. — Equitation, etc. Vingt-deux pièces. Belles épreuves.

572. — Henri IV et Marie de Médicis. — Louis XIII, portrait équestre. — Anonyme (sans aucune lettre). — Louis XIII. Quatre pièces. Belles épreuves.

PATER (d'après J. B.)

573. — Le Désir de plaire. — Le Plaisir de l'Eté. Deux pièces par L. Surugue, faisant pendants. Très belles épreuves.

PENCZ (G.)

574. — Joseph et la Femme de Putiphar. (B. 12). — Judith (25). — Jésus et la Samaritaine (55). — Le Mauvais riche (65-66). — Conversion de S¹-Paul (69). — Médée (71). — Mort de Lucrèce (79). — Virgile suspendu dans un panier (87). Neuf pièces. Belles épreuves.

575. — La Vie de Jésus-Christ (30-54). Dix pièces d'une suite de vingt-six. — Les Œuvres de Miséricorde (58-64), 2 pièces d'une suite de sept pl. Belles épreuves.

576. — Médée, 1539 (71). Très belle épreuve.

577. — Manlius — Régulus (76-77). Belles épreuves.

578. — Les quatre Sujets de l'Histoire romaine (en largeur) (78-81). Quatre pièces. Belles épreuves.

579. — Le Jugement de Pâris (89). Très belle épreuve.

580. — Thétis et Chiron (90). Très belle épreuve.

581. — Les six Triomphes décrits par Pétrarque (117-122). Suite de six pièces. Très belles épreuves.

582. — Composition d'ornements (123). Belle épreuve.

PEREGRINI DA CESANA

583. — Hercule et Déjanire. — Hercule et l'Hydre de Lerne. — Le Jugement de Pâris. Trois petites pièces. Epreuves de la collection Storck, 1804.

PERELLE (A.)

584. — Vues de Paris, de Versailles et de Chantilly. Cent pièces. Belles épreuves.

PETITS MAITRES

585. — Sujets religieux. Sept pièces par Beham, Lucas de Leyde, G. Pencz, Sɪtzo, Solis.

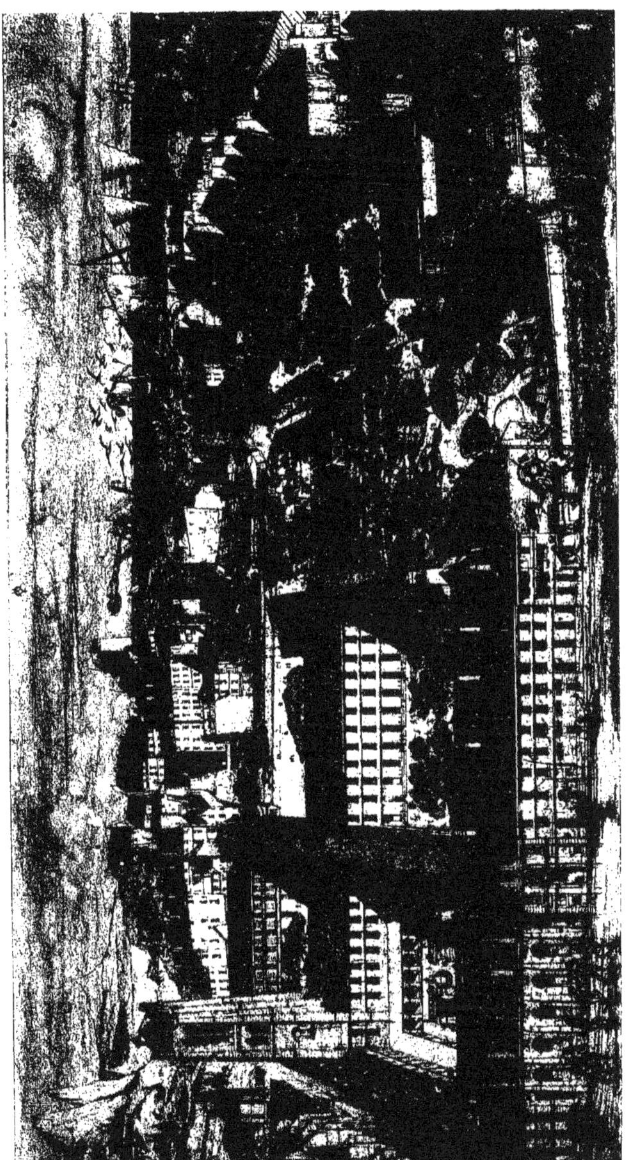

Nᵒ 500 du Catalogue.

PICART (Bernard)

20   586. — Le Jeu de cartes. — Le Jeu du pied-de-bœuf. Deux pièces faisant pendants. Superbes épreuves.

14   587. — Picart (B.) — Piles (de). — Boileau — Zinzendorf — Vignettes, etc. Quinze pièces. Belles épreuves.

PIÈCES HISTORIQUES

39   588. — Henri IV touchant les écrouelles, par P. Firens. — Proclamation de la Paix à Anvers, 1648, par Hollar. — Louis XV tenant son lit de Justice pour sa Majorité, 1723. — Décoration élevée sur la terrasse du Château de Versailles, pour la naissance du duc de Bourgogne (épr. à l'état d'eau-forte). — Allégorie en l'honneur de Louis XVI, par De Longueil, d'apr. Cochin fils, 1776. Cinq pièces.

POINSSART (J.)

46   589. — *Pourtrait d'une tapisserie... où est représenté le roy Charles VII... à la conduite de la Pucelle d'Orléans.* Belles épreuves.

PONTIUS (Paul)

42   590. — Suzanne et les Vieillards, d'après Rubens. Superbe épreuve.

PORTRAITS

28   591. — *L'Après-Midy* (Louis XIII et Anne d'Autriche à la chasse). — Louis XIII et Anne d'Autriche, à cheval, d'après Ch. Le Brun. Deux pièces in-fol. Rares.

10   591 *bis.* — Biron (M^al de), avec les scènes de son arrestation et de son exécution. Belle épreuve.

32   592. — Rois de France : Henri IV — Louis XIII — Louis XV — Louis XVI — Marie-Antoinette. Dix pièces par L. Gaultier, C. de Passe, Lempereur, Gaucher, etc. Belles épreuves.

65   592 *bis*. — Peintres : Bourdon, Boucher, Restout, Reynolds, etc. Dix-sept pièces.

38   593. — Graveurs : L. de Leyde, Edelinck, Réclam, Sherwin, Miger, Le Bas, etc. Vingt-deux pièces.

62   594. — Le Maître (G.), par Lenfant. — Moucheron (I.), *avant toute lettre*—Lorraine (Henriette de), par C. Galle. — Anonyme (Dame). — Erasme, par Hogenberg. -- Coligny (G. de). — Harlay (Catherine de). — Lemery. — De Fer. — Desault. — Verdier. — Le Noir. — Mme Du Chastelet. Treize pièces.

80   595. — Prince Willien Frederick, par Caroline Watson, d'après J. Reynolds — Descartes, par Grateloup — Charette — Raucour (F^se de) — Baléchou — Goltzius — Colbert — Bry (de), etc. Vingt-neuf pièces par St Aubin, Savart, etc.

PRUDHON (d'après P. P.)

61   596. — Prud'hon, par son Fils ? — Le Premier baiser de l'Amour — Vénus et l'Amour — La Liberté — La Loi — l'Egalité — L'Enflammer -- En jouir... Neuf pièces, par B. Roger, Copia, Beisson et Mlle Bleuze. Belles épreuves, *une avant toute lettre*.

37   597. — En-têtes : Directoire Exécutif, Préfecture de la Seine, Ministère de la Police générale, Préfectures de la Seine et de la Seine Inférieure, République Française, Empire Français. Dix pièces par B. Roger. Très belles épreuves.

QUEVERDO (F. M.)

120   598. — Le Levé de la Mariée — Le Couché de la Mariée. Deux pièces par Patas et Dambrun, faisant pendants. Belles épreuves.

RABEL (Jean)

599. — *Voicy comment l'on s'accommode*, titre et suite de 11 pièces, costumes de Femmes. Belles épreuves. Rares.

RAIMONDI ET SON ECOLE

600. — Marche de Silène, par Agostino Musi (B. 240). Superbe et rare épreuve *avant toute adresse*.

601. — Marthe aux Pieds de Jésus — Quos Ego — Hercule et le Centaure Chiron, etc. Sept pièces.

REMBRANDT VAN RYN

602. — Rembrandt aux cheveux hérissés (B. 8). Belle épreuve.

603. — Rembrandt à la bouche ouverte (13). Belle épreuve.

604. — Rembrandt tenant un sabre (18). Belle épreuve.

605. — Rembrandt à la toque ornée d'une plume (20). Belle épreuve.

606. — Rembrandt aux cheveux courts et frisés (26). Belle épreuve.

607. — Abraham renvoyant Agar (37) Belle épreuve.

608. — L'Echelle de Jacob (36). Très belle épreuve du 2ᵉ état.

609. — Le Triomphe de Mardochée (40) — David en prière (41). Quatre pièces.

610. — Tobie aveugle (42). Très belle épreuve.

611. — La Nativité (45). — La Circoncisio (47). Deux pièces. Belles épreuves.

612. — L'Adoration des bergers (46). Belle épreuve.

613. — Jésus au milieu des Docteurs (64). Belle épreuve.

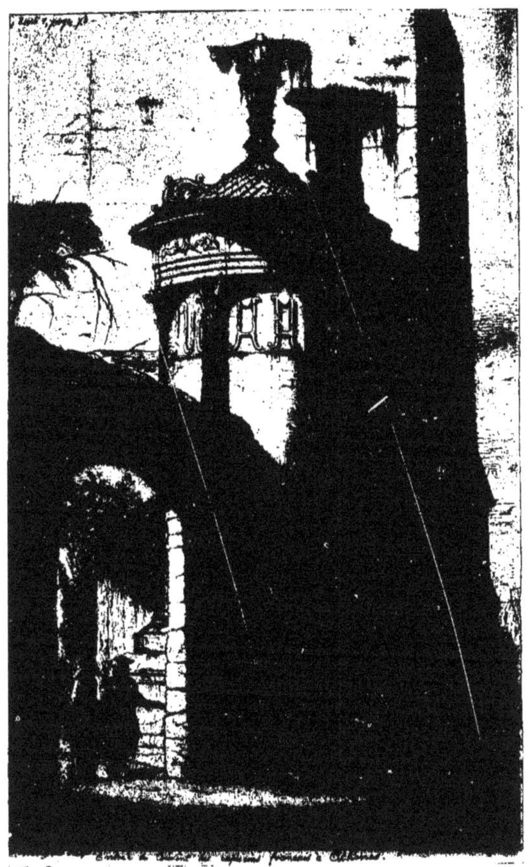

N° 509 du Catalogue.

614. — La petite Résurrection de Lazare (B. 78) — Jésus
       chassant les vendeurs du Temple (69). Deux
       pièces. Belles épreuves.

615. — Jésus-Christ en croix entre les deux larrons
       (79). Belle épreuve.

42 616. — Jésus-Christ en croix (80). Très belle épreuve.

100 617. — Le Transport de Jésus-Christ au tombeau (84).
Belle épreuve de la coll. Didot.

72 618. — Les grands Disciples d'Emmaüs (87). Très belle
épreuve du 2ᵉ état.

619. — Sᵗ Jérôme (105). Belle épreuve.

10 620. — L'Etoile des Rois (113). Deux belles épreuves.

621. — Sujet de bataille (117) — Vieille mendiante
(170). Deux pièces. Belles épreuves.

32 622. — Le petit Orfèvre (123) — Le Persan (152) — Deux
pièces.

20 623. — Le Cochon (157). Belle épreuve (petite déchirure).

41 623 bis. — Jupiter et Danaé (204). Belle épreuve.

3 624. — Le Bouquet de bois (222). Copie dans le sens de
l'original — L'Abreuvoir (231). Deux pièces.

80 625. — Jeune Homme à mi-corps (Portrait supposé de
Guillaume II, enfant). Epreuve de la coll.
Camberlyn.

16 626. — Homme sous une treille (257). Belle épreuve.

32 627. — Linden (J. A. vander) (264). Belle épreuve.

22 628. — Wtenbogaerd (272) — Silvius (266). Deux pièces. Belles épreuves.

20 629. — Menasseh-Ben Israël (269). Très belle épreuve.

80 630. — Faustus (270). Deux belles épreuves.

36 631. — Jonghe (Cl. de) (272). Belle épreuve.

10 632. — Coppenol (283). Trois épr. de la pl. coupée.

250 633. — Lutma (J.) (276). Belle épreuve *avant les der-
niers travaux sur le cintre.*

105 634. — Le même portrait. Belle épreuve du même état,
des coll. W. Esdaile et Holburne.

635. — Le même portrait. Deux belles épreuves.

636. — Utenbogaerd, dit le Peseur d'or (281). Belle épreuve sur japon du tirage postérieur.

637. — Vieillard à grande barbe (291). Très belle épreuve.

638. -- Vieillard à barbe carrée fort large, (325). Belle épreuve.

639. — La grande Mariée juive (340). Belle épreuve.

640. — Griffonnements, où se voit la tête de Rembrandt (363). Belle épreuve.

641. — Feuille de six Têtes au milieu desquelles est la femme de Rembrandt (365). Belle épreuve.

642. — Trois têtes de Femmes, dont une qui dort (368). Très belle épreuve.

642 *bis*. — La même estampe. Deux épreuves.

643. — Sujets divers. Quinze pièces.

644. — Le Père de Rembrandt, m-noire, *avant toute lettre — Rembrandts Mistress*, par R. Cooper. — La Ronde de jour, par Claessens — Jésus guérissant les Malades, par L. Flameng. Quatre pièces.

REYNOLDS (d'après Joshua)

645. — Chomley (Miss), par Marché. Très belle épreuve *avant la lettre*.

646. — Kauffman (Angélica) par F. Bartolozzi. Très belle épreuve.

RIBERA (J.)

647. — St Jérôme, 1661 (B. 5). Belle épreuve.

648. — Silène (13). Très belle épreuve du 1er état.

RIGAUD (J. B.)

649. — Paris — Versailles — St-Cyr — Marly — St-Ouen — Cinquante-huit pièces y compris plusieurs doubles. Très belles épreuves.

ROBETTA

650. — L'Adoration des Rois (B. 6). Très belle épreuve de la coll. Malinet.

ROPS (F.)

651. — La Diligence d'Uccle (E. Ramiro 2). Très belle épreuve sur chine.

652. — Billet à ordre — Le Menu au grand marmiton. Deux pièces. Belles épreuves.

653. — FRONTISPICES : Le Diable dupé par les Femmes — Le Cathéchisme des Gens mariés — La Messe de Gnide — Œuvres Badines — Les Amusements des Dames de Bruxelles — Les Phases de la Lune — Fleur lascive — Les Cousines de la Colonelle — Les Chansons de Collé — Les Exercices de dévotion de M. Roch. Dix pièces. Belles épreuves.

ROUSSEAU (J. F.)

654. — Eugénie ou la Noblesse (Marie-Antoinette montrant le portrait de sa Mère), d'après Cochin fils. Très belle épreuve, *avant toute lettre.*

ROUSSELET (Gilles)

655. — Richelieu (C^{al} de) — Louis XVI dans un quadrige — Seguier (P.) — Faber (T.) — Louis XIV, frontispice de : *Festiva ad capita annulumque de Cursio...* 1662. — Cramoisy (Séb.) Six pièces. Belles épreuves.

ROWLANDSON

656. — *Collège pranks or crabled... — Baconfaced fellows of brazen... — Portsmouth point — Easterly winds or scudding... — Bath Races — Doctor syntax in the Middle...* Six pièces in-fol. Belles épreuves, *coloriées.*

RUISDAEL (J.)

657. — Le petit Pont (B. 1). Très belle épreuve.

SAENREDAM (J.)

658. — Les Cinq Sens, d'après H. Goltzius (B. 95-99). Suite de cinq pièces. Très belles épreuves.

SAINT-AUBIN (A. de)

659. — Le Couteulx du Moley (Sophie), d'après C. N. Cochin fils (E. B. 127). Très belle épreuve.

660. — Mariette (P. J.), d'après Cochin fils (171). Deux belles épreuves, une du 1er état, *à l'eau-forte pure.*

660 bis. — Roettiers (J. C.) d'après Cochin fils (239). Deux belles épreuves, une du 1er état, à l'eau-forte pure.

661. — Au moins soyez discret — Comptez sur mes sermens. (406-407). Belles épreuves du tirage de Marel.

SAINT-AUBIN (d'après Aug. de)

662. — La Marchande de Chataignes, par le Chevalier de Parlington (440). Très belle épreuve.

SCHMIDT (G. F.)

663. — Schmidt (G. F.), par lui-même, portrait *dit à l'araignée.* — Portraits et Sujets, d'après Rembrandt. Huit pièces. Belles épreuves.

SCHOEN (Martin)

664. — La Fuite en Egypte (B. 7). Epreuve mal conservée.

665. — La Mise au tombeau (18). Epreuve de la coll. J. Barnard.

666. — Le Christ en croix (23). Epreuve mal conservée.

667. — Ste Catherine (64). Belle épreuve découpée et remmargée.

SERGENT (A. F.)

668. —Necker, d'après J. S. Duplessis. Superbe épreuve *imprimée en coulenrs.*

SERWOUTER (P.)

669. — Sujets de chasse, 1672. S..ite de dix pièces en forme de frise, d'après D. Vinckeboons. Belles épreuves.

SILVESTRE (Israël)

670. — Œuvre d'Israel Silvestre : Vues de Paris et de France — Vues d'Italie, d'Angleterre, d'Egypte, etc. — Fêtes et Cérémonies, etc. Environ 1500 pièces y compris des doubles et des états, la plupart en belles épreuves.

STELLA (Jacques)

671. — Cérémonie de la présentation des tributs au grand-duc de Toscane, 1621. (R. D. 5). Très belle épreuve du 1er état.

SUYDERHOEF (Jonas)

672. — Les Joueurs de trictrac, d'après A. van Ostade (J. W. 123). Deux superbes épreuves des 1er et 2e états.

TABATIÈRES

672 *bis.* — Sujets gracieux par B. Picart, Jeaurat, Duflos, Baléchou, etc. Soixante-quatre petites pièces. Belles épreuves.

TAUNAY (d'après)

673. — Foire de village, par Descourtis, réduction in-12. Très belle épreuve.

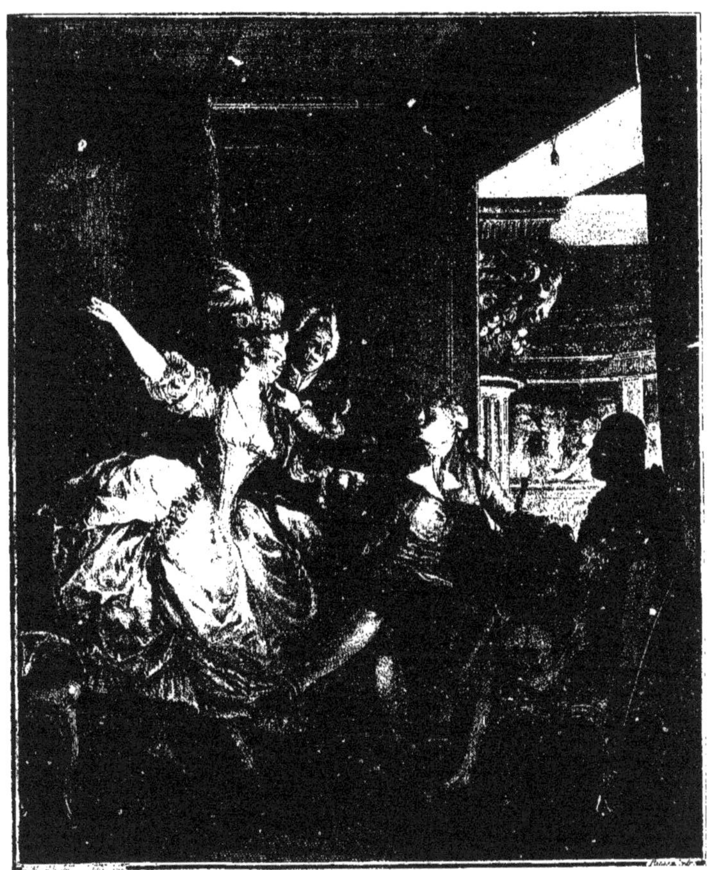

N° 525 du Catalogue.

VANGÉLISTI (V.)

674. — La Fillette aux cerises, d'après Peters. Petite
pièce de forme ovale. Très belle épreuve *imprimée en couleurs, avant la lettre.*

VIGNETTES

60 675. — En-têtes — Vignettes — Fleurons. Trente-et-une pièces d'après Cochin fils, Le Clerc, Moreau le jeune, Queverdo, etc... plusieurs *avant lalettre.*

WATTEAU (Antoine)

38 676. — La Troupe italienne (E. de G. 1). Belle épreuve *avec l'adresse de Sirois.*

20 677. — *Louis XIV metant le cordon bleu à Monsieur de Bourgogne père de Louis XV...*, par N. de Larmessin. Très belle épreuve.

19 678. — Bon Voyage, par B. Audran. Très belle épreuve.

32 679. — L'Escarpolette, par L. Crepy — Le Repos gracieux, par Huquier — Le Dénicheur de moineaux, par F. Boucher. Trois pièces. Belles épreuves (déchirures à 2 pièces). .

15 680. — Fêtes vénitiennes, par Cars (135). Belle épreuve.

24 681. — Le May, par P. Aveline. Belle épreuve sans marge.

682. — *Heureux âge!... — Iris c'est de bonne heure...* (174-175). Deux pièces par Tardieu, faisant pendants. Belles épreuves.

6 683. — Spectacle Français, par P. Dupin (66). Belle épreuve.

16 684. — *Sous un habit de Mezetin...*, par Thomassin fils (178). Superbe épreuve.

38 685. — Les Singes de Mars, par J. Moyreau (271). Très belle épreuve.

686. — Retour de Campagne — Musicienne pinçant de la guitare (311) — Pierrot (312) — Arlequin (313). Quatre pièces, trois pour feuilles de paravents. Très belles épreuves.

687. — *Livre de différents Caractères de Têtes. Inventez par M. Watteaux, et Gravez d'après ses Desseins par Fillœul.* — Paris, Fillœul, s. d. Titre et 23 pl., en cahier. Belles épreuves.

WHISTLER (J. M. Neill)

688. — Amsterdam, 1863 (W. 82). Très belle épreuve.

WIERIX (J. et A.)

689. — L'Hospital (M. de) (A. 1931). Très belle épreuve.

690. — Maelson (Fr.), (1968). Superbe épreuve du 1er état, *non décrit*, avant l'inscription dans la marge.

691. — Loyola (Ign. de) (1936)— Mercœur (Phil. Emm., duc de) (1980). Deux pièces. Très belles épreuves.

WILLE (J. G.)

692. — Wille (J. G.), par J. G. Muller, d'après Greuze — Le petit Physicien, d'après G. Netscher — St Florentin (Cte de), d'après L. Tocqué — Bons Amis, d'après A. van Ostade — Mort de Cléopatre, d'après G. Netscher. — Bonne Femme de Normandie, d'après P. A. Wille. Six pièces. Belles épreuves.

WOLGANG, orfèvre

693. — La Vierge adorée par un Abbé. Très belle épreuve, tirage du XVIIIe siècle, d'une planche du XVe. Très rare.

ZEEMAN (R.)

694. — Les Portes de ville d'Amsterdam (B. 119-126). Suite de huit pièces, incomplète de la pl. 8, soit sept pièces. Belles épreuves.

DESSINS

BELLA (Stefano della)

60 695. — Etudes de Figures — Paysage. Six dessins ou croquis à la plume. plusieurs des coll. W. Esdaile, Vallardi, etc.

BOISSIEU (J. J. de)

13 696. — Le Paysage au dessinateur. Mine de plomb et plume, lavé d'encre de chine.

46 696 *bis*. — Etudes de Personnages et Paysages. Dix dessins.

CALLOT (attribué à J.)

15 697. — La Sainte Trinité — Scène de Sabbat — Les Fiancés. Trois dessins à la plume.

31 698. — Sujets divers — Etudes de figures. Dix dessins et croquis à la plume attribués à J. Callot.

CAMBIASI (L.) — VANNI (F.)

12 699. — Sujets religieux — Etudes de figures. Quatre dessins à la plume.

DUPLESSI-BERTAUX (J.)

24 700. — Simulacre de bataille. Important dessin à la plume signé et daté (1815).

100 701. — Scène de bataille — Costumes militaires — Sujets divers. Quinze dessins à la mine de plomb et à la plume.

ÉCOLES ANCIENNES

14 702. — Sujets religieux. Seize dessins attribuées à divers artistes.

20 702 *bis*. — Sujets divers. Vingt dessins attribués à divers artistes.

100 703. — Sujets divers et Paysages. Seize dessins attribués à divers artistes.

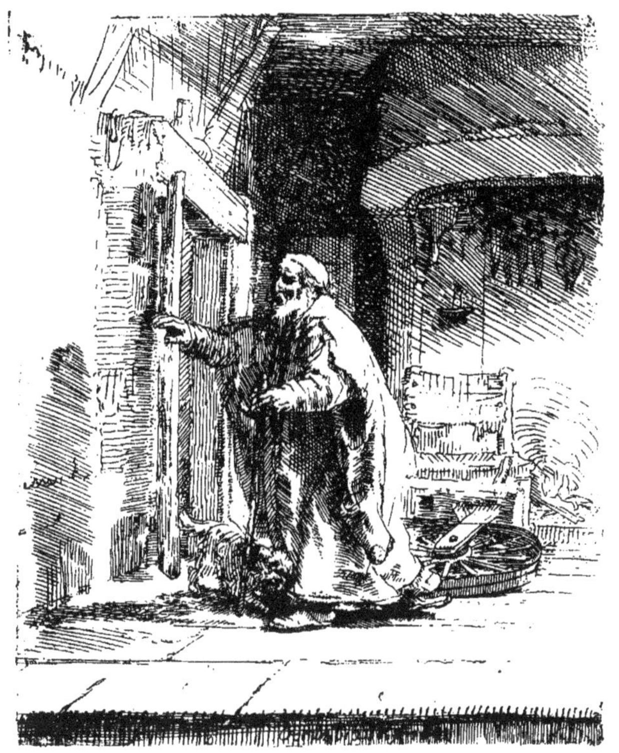

Nº 610 du Catalogue.

ÉCOLE FRANÇAISE (xviiiᵉ siècle)

20f 704. — Mᵐᵉ Bénard, de profil. A la mine de plomb. De
forme ronde.

240 705. — Portrait de jeune Femme à mi-corps. Au crayon
noir, aux rehauts de sanguine et de pastel. De
forme ronde.

706. — Louis XV, en buste. A la mine de plomb. De forme ronde.

707. — Scène de bataille. A la plume, lavé d'encre de chine.

GRANDVILLE (J. J. I.)

708. — Dessin de départ du 2ᵉ volume des *Animaux peints par eux-mêmes*. A la plume, avec annotations pour le graveur.

JOYANT (J.)

709. — Vues de Venise. Huit dessins à la mine de plomb.

LE CARPENTIER (C.)

710. — Portrait de Femme. Au crayon noir avec rehauts de sanguine. Signé et daté : 1772.

LECLERC (Sébastien)

711. — Composition pour En-tête de chapitre. — Attaque d'une ville fortifiée. Deux dessins à la plume, lavés d'encre de chine.

MOZIN (C.)

712. — Marée basse, aquarelle, *signée* — Barques en mer, dessin à la sépia, *signé*.

QUEVERDO (F. M.)

713. — Le Triomphe de la Foi. A la mine de plomb, sur vélin. Signé et daté (1769).

REMBRANDT van Ryn

714. — Départ du jeune Tobie. A la plume. Collection N. D. Goldsmid.

715. — Etude pour une figure de Christ. A la plume.

REMBRANDT (Ecole de)

716. — Sujets religieux et Scènes de la Bible. Dix dessins à la plume.

RUGENDAS (Georg Philipp)

717. — Siège d'une Ville, 1704. A la plume, lavé d'encre de chine. Signé.

SILVESTRE (Israël)

718. — Vues et Paysages. Quarante-quatre dessins à la plume, réunis en 2 alb. in-8 obl. rel. mar. Collection H. Destailleur.

719. — Vues et Paysages. Vingt-trois dessins par ou attribués.

SWEBACH

720. — Maison de poste en Courlande — Les Voyageurs égarés. Deux dessins à la plume, lavés d'encre de chine.

T*** (J.)

721. — La Seine, à la hauteur des Invalides. Important dessin à l'encre de chine, signé : *J. T. 1779.*

ULFT (J. vander)

722. — La Clémence? Deux compositions différentes de même sujet. A la plume, lavés d'encre de chine. Signés.

VERNET (Joseph)

723. — La cascade sous la Grotte. A la pierre d'Italie. coll. H. de Triquetti.

WINKENBOONS (D.)

724. — Projet de Frontispice pour un livre. A la plume' lavé d'encre de chine. Signé.

LIVRES SUR LES BEAUX-ARTS

725. — ADELINE Brévière (L. H.), Rouen, E. Augé, 1876. Les Illustrations des vieilles villes — Voyage de Paris à St Cloud, par B. Néel, eaux-fortes de J. Adeline — Fête de bienfaisance de 1880, Entrée du Roy Henri II à Rouen, Rouen, Augé — 4 vol.

726. — ALVIN (Louis). Catalogue raisonné des trois Wierix, Bruxelles, Arnold, 1866 — Catalogue raisonné des portraits gravés par les trois Wierix, Bruxelles, Arnold, 1867. — L'Enfance de Jésus, poëme tiré des compositions de Jér. Wierix, Paris, Aubry, 1860. Trois vol. in-8, dem. rel.

727. — BARTSH (Adam). Le Peintre-Graveur tomes 1 à 6 en 3 vol.) — Catalogue de l'œuvre de Lucas de Leyde, Vienne, Degen, 1798. — BAUDICOUR. Le Peintre-Graveur continué, 2 vol. in-8.

728. — BERALDI (Henri) — Estampes et livres. Paris, L. Conquet, 1892 — 1 vol. in-4 dem. rel. (exempl. n° 67).

729. — BLANC (Charles). Histoire des Peintres de toutes les Ecoles — Ecole Hollandaise — Paris, Vve Renouard, 1861 — 1 vol. petit in-fol. dem. rel. — Grammaire des Arts du dessin et des Arts décoratifs, 3 vol.

730. — BOCHER (Emm.). Baudouin — Chardin — Lavreince, 3 fasc. en 1 vol. in-4, dem. rel. (exempl. avec une estampe ajoutée : Mme Chardin, par Chevillet).

731. — BOISSARD — TH. DE BRY — J. AMMAN. — Bibliothéca Chalcographica Illustrium Virorum Collect, 1 vol. in-8 contenant 437 portraits.

22 732. — BONNARDOT (A.) Histoire artistique et archéolo-
gique de la Gravure en France, Paris, 1849
2 exempl. — Essai sur l'art de restaurer les
estampes et les livres, Paris, Castel, 1858 —
3 vol. petit in-8 cart. ou dem. rel.

39 733. — BOSSE (Abraham). Sentimens sur la distinction
des diverses manières de Peinture... Paris,
1649 — Traité des manières de graver en
taille douce... Paris, 1645 — De la manière
de graver à l'eau-forte... Paris, 1758 — Catalogue de l'œuvre gravé d'Abr. Bosse, par
G. Duplessis — 4 vol. in-12 et in-8 cart. ou
rel.

12 734. — BOUCHOT (Henri) — Les Ex-libris, Paris, E. Rouveyre, 1891 — Dictionnaire des Monogram-
mes (avec G. Duplessis), Paris, Rouam, 1886
— Les Livres à vignettes (xv° au xviii° siècle).
Paris, Rouveyre, 1891. 2 vol. dem. rel.

23 735. — BOURCARD (G.) Les Estampes du xviii° siècle.
Paris, Dentu, 1885 — 1 vol. in-4 dem. rel.
coins, avec annotations manuscrites.

26 735 *bis*. — Félix Buhot, catalogue de son œuvre
gravé — Paris, H. Floury, 1899 — 1 vol. in-4
broch. (n° 112).

10 736. — BRY (J. Th. et Isr. de) *David virtutis exercita-
tissime probatum Deo...* — Zacharie Pal-
theni, 1597 — 1 vol. in-8, rel. anc. — *Diony-
sii lebei-batillii regii...* Francfort, 1596 —
1 vol. in-8, rel. (titre incomplet).

110 737. — CALLOT (Ouvrages sur Jacques). Seize volumes
et brochures par Ed. Meaume, le P. Husson,
1766, H. Bouchot, Desmaretz, Mme Voïart,
Vachon, M. Tausing, etc.

30 738. — CATALOGUES de ventes anciennes : J. A. de Silvestre, 1810 — Basan (P. F.), 1798 — Quentin
de Lorangère, 1744 (avec prix et noms des
acquéreurs) — P. de Praun, 1797 — Mariette
(prix). Cinq vol in-8 dem. rel.

739. — COHEN (Henry) Guide de l'Amateur de livres à vignettes (XVIII° siècle) — Paris. Rouquette, 1870 et 1880 — 2 vol. in-8 dem. rel.

740. — DELABORDE (Henri). La Gravure en Italie, avant Marc-Antoine — Paris, J. Rouam, s. d. — 1 vol. in-4, dem. rel. — Lettres et pensées, étude biographique sur Hipp. Flandrin, Paris, Plon, 1865. — Le Département des Estampes, à la Bibl. Nat., 1875.

741. — DELATRE (Auguste). Eau-forte, pointe sèche et vernis mou, pl. par Rops, Somm, Point et Delatre, Paris, Lanier 1887, exempl. augmenté de dix-huit pièces par Aug. Delatre.

742. — DEROME (L..) Le Luxe des livres, Paris, Rouveyre, 1879. In-12, demi rel. (un des 10 exempl. sur chine).

743. — DIDOT (A. Firmin). Les Drevet. Paris, F. Didot, 1876 — Essai typographique et bibliographique sur l'histoire de la Gravure sur bois, 1863, 2 vol.

743 bis. — DUCHESNE AÎNÉ. Essai sur les Nielles, Paris, Merlin, 1826 — Voyage d'un Iconophile, Paris, Heideloff, 1834 — Notice des estampes exposées à la Bibliothèque du Roi, 1823 et 1855. Trois vol. in-12.

744. — DUPLESSIS (G.) De la gravure de portrait en France, Paris, Rapilly, 1875 — Histoire de la gravure, Paris, Hachette, 1880 — Histoire de la Gravure en France, Paris, Rapilly, 1861 — Les Merveilles de la Gravure, Paris, Hachette, 1871. — Le Livre des Peintres et graveurs, par Michel de Marolles — Paris, Jeannet, 1855. 5 vol., dem. rel.

745. — DURER (Alb). *La Passione di N. S. Giesv Christo d'Alberto Dureero di Norimberga* — Venise, D. Bissuccio, 1612 — 1 vol. in-8°, rel. mar. — Les quatre Livres d'Alb. Durer, Lutetiae (Paris) Ch. Wechel, 1532 . 1 vol. in-4.

746. — EAU-FORTE (Traités sur la Gravure à l'). Quatre vol., par M. Lalanne, Martial Potémont, Cte Lepic et Karl Robert.

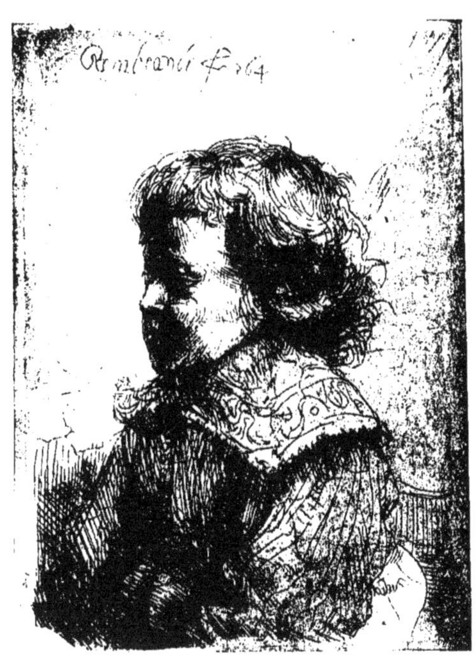

Nº 625 du Catalogue.

747. — EPHRUSSI (Ch.) — Albert Durer et ses dessins, Paris, Quantin, 1882 — 1 vol. in-4, dem. rel. — Etude sur le triptyque d'Albert Durer, dit le Tableau d'autel de Heller, Paris, Jouaust, 1876 — 1 vol. in-4, dem. rel.

748. — FAGAN (L.). Collector's Marks — London, 1883. In-12.

749 — FAUCHEUX (L. E.) Catalogue raisonné des estampes d'Adrien van Ostade, Paris, Vᵛᵉ Renouard, 1862 — Catalogue de l'œuvre d'Israel Silvestre, Paris. 1857 — 2 vol. in-8 (marques au crayon bleu et quelques annotations). — Ficquet, Savart et Grateloup — Isr. Silvestre. Ensemble 4 vol.

749 *bis*. — GONCOURT (Edm. et J. de). Catalogue de l'œuvre d'Ant. Watteau — Catalogue de l'œuvre de P. P. Prud'hon. — Gavarni — Chardin, Gravelot, etc. — Collections des Goncourt. Dix vol. et brochures rel.

750. — GONSE (L.) — L'Œuvre de J. Jacquemart — 2 vol. gr. in-8, rel. — Le Musée Wicar, 1878, avec lettre autogr. de Wicar.

751. — GRAVURE (Ouvrages reiatifs à la) Réflexions sur la Peinture et la Gravure... par C. F. Joullain, 1786 — Catalogue des Estampes gravées d'après Rubens... par R. Hecquet, 1751. — Essai sur l'origine de la Gravure, par Jansen, Paris Schoell, 1808, 2 vol. — Notices générales des Graveurs et des Peintres par Huber, Dresde, 1787. — Calepin d'un amateur d'estampes (Michel), Alais, 1865.

752. — GUILMARD (D.). Les Maîtres ornemanistes — Paris. Plon, 1880, texte et planches — 2 vol. in-4 dem. rel.

753. — HAVARD (Henry). La Hollande à vol d'oiseau ill. de M. Lalanne — Paris, Decaux et Quantin, 1881. In-4 dem. rel. — HOUSSAYE (Arsène). Histoire de la Peinture flamande et hollandaise — Paris, Sartorius, 1848. 2 vol. in-8, dem. rel.

754. — HEINEKEN. Idée générale d'une collection d'estampes — Lepzig, Kra is, 1771. Petit in-8, rel.

755. — Jombert (Ch. Ant.). Catalogue raisonné de l'œuvre de S. Le Clerc, Paris, 1774 — 2 vol. — Catalogue de l'œuvre de C. N. Cochin fils, Paris 1770 — Essai d'un catalogue de l'œuvre d'Et. de la Belle, Paris, 1772 — 3 vol. petit in-8.

756. — Joubert (F. E.) Manuel de l'Amateur d'Estampes, Paris, 1821 — 3 vol. in-8 dem. rel. — Le Blanc (Ch.) Manuel de l'Amateur d'estampes, 3 vol. in-4 dem. rel.

757. — Lacroix (Paul) — XVIIIᵉ siècle. Lettres, Sciences et arts — Institutions, usages et costumes. — Paris 1878 et 1875 — 2 vol. in-4.

758. — Le Clerc (Séb) Labyrinthe de Versailles, Paris, 1677, in-8 rel. (Édition originale). Ex-libris Chartener.

759. — Le Clerc (Séb.) — Œuvres choisies de Sébastien Le Clerc... contenant 239 Estampes — Paris, Lamy, 1784 — Figures de la Passion de N. S. Jésus-Christ, 36 pl. — Eloge de M. Le Clerc... par M. l'abbé de Vallemont, Paris, N. Caillou, 1715 — Traité de Géométrie, Paris, Jombert, 1764, avec note manuscrite et ex-libris de Goncourt. — Pratique de la Géométrie, Paris, Jombert, 1682. — Traité d'Architecture, Paris, P. Giffart, 1714. 6 vol. rel.

760. — Lepautre — *Les Plaisirs de l'Isle enchantée. Course de bague, collation ornée... et autres festes galantes et magnifiques faites par le Roy à Versailles, le VII May MDC LXIV...* — Paris Imp. Royale, 1673, 1 vol. in-fol. cart. (incomplet de plusieurs pl.), pl. étrangères à l'ouvrage, ajoutées.

761. — Meaume (E.) Jacques Callot. Paris, Vᵛᵉ Renouard, 1860, 2 tomes en 1 vol. (avec annotations manuscrites de Meaume). — Recherches sur la vie et les ouvrages de Claude Deruet, Nancy, Lepage, 1853 — Recherches

sur quelques artistes lorrains, Nancy, Grimblot, 1852 — S. Le Clerc et son œuvre, Paris, Baur et Rapilly, 1877. — Etudes bibliographiques sur les livres illustrés par Séb. Le Clerc. Paris, Techner, 1877. — Claude Gellée. — 6 vol. petit in-8.

761 *bis*. — MOREAU LE JEUNE (J. M.) Catalogue de son œuvre gravé, 2 vol. par Mahérault et par Portalis et H. Beraldi.

762. — PAPILLON (J. M.) Traité historique et pratique de la Gravure en bois — Paris, G. Simon, 1766 — 2 vol. in-8 cart.

763. — PARIS (Ouvrages relatifs à) — Description de la Ville de Paris au xv° siècle, par G. de Metz, Paris, Aubry 1855 — Les Rues et Eglises de Paris, vers 1500... par A. Bonnardot, Paris, Willem, 1876 — Paris, par G. Riat, H. Laurens, 1900 — Le Paris du xvii° siècle — Paris au xiii° siècle, par A. Springer, 1760, etc.

764. — POULET MALASSIS (A.) — Les Ex-libris français — Paris, Rouquette, 1875 · 1 vol. in-8 dem. rel. dans lequel on a intercalé 50 ex-libris et cartes d'adresse.

765. — REMBRANDT (Ouvrages sur). Neuf volumes par Vosmaer, A Bartsch, Scheltema, Ch. Blanc, Coquerel, Emile Michel, etc., cart ou rel.

766. — RENOUVIER (Jules). Des Types et des manières des maîtres Graveurs — Montpellier, Boehm, 1853-1856. — 1 vol. in-4 cart.

767. — Histoire de l'origine et des progrès de la Gravure dans les Pays-Bas et en Allemagne jusqu'à la fin du xv° siècle — Bruxelles, Hayez, 1860 — 1 vol. petit in-8, dem. rel.

768. — SAINT-PIERRE (B. de). Paul et Virginie, vign. d'Em. Lévy et Giacomelli, par Flameng, Rouget et Sargent — Paris, 1875. Exempl. sur chine de la Bibl. de Jules Janin, in-12 rel.

769. — THAUSING (Moritz) — Albert Durer, sa vie et ses œuvres — Paris, Firmin-Didot, 1878 — 1 vol. in-8 dem. rel.

770. — Sous ce numéro, il sera vendu par lots environ 3.000 pièces non cataloguées.

771. — Sous ce numéro, il sera vendu par lots, un certain nombre d'ouvrages sur les Beaux-Arts.

IMPRIMERIE

FRAZIER-SOYE

153-157, rue Montmartre

PARIS